AF431467

Beatriz Parga

SIGUIENDO EL OLOR DE LA PÓLVORA

EDEN PASTORA
"COMANDANTE CERO"

HUGO SPADAFORA

Contenido

Dedicación

A quienes son consecuentes con sus ideales de Libertad.

Así lo sentia en los años 80's Edén Pastora, el famoso "Comandante Cero", héroe de la revolución nicaragüense, quien más tarde la calificaría de "traicionada". En esa época, cada vez que tomabas un taxi en Managua, no faltaba la melancólica referencia: "Razón tenia 'El Hombre' al decir que lloraríamos pidiendo que volviera". "El Hombre" era el ex dictador Anastacio Somoza.

Así también lo descubrió con sopresa el médico panameño Hugo Spadafora, un idealista y combatiente de la libertad que luchó primero con los sandinistas y después contra los sandinistas que ayudó a llevar al poder. Fue asesinado por orden del tenebroso general Manuel Antonio Noriega para evitar que en sus escritos describiera lo que vio una noche premonitoria.

Escribí este libro a finales de los 80s, en medio de la lucha armada clandestina. Como documento histórico resulta interesante. Está escrito en el formato pregunta/respuesta, estilo que popularizó la periodista italiana Oriana Fallaci. Con los años, Edén Pastora, cansado y arruinado, terminó formando parte del gobierno que tanto combatió. Un punto favorable para el dictador Daniel Ortega como estratega politico. Queda el interrogante histórico sobre los resultados. Prefiero que el lector saque sus propias conclusiones.

Beatriz Parga

"Voy a donde sea necesario. Todo lo que tenga que hacer por la libertad y la democracia de ml pueblo, lo hago. Y si tengo que llegar a la muerte, llego riéndome. Si tengo que matar, mato sin que se me arrugue un músculo de la cara. Soy un enfermo enamorado de la libertad…**"**

Edén Pastora
"Comandante Cero"

PRÓLOGO

POR ALVARO VARGAS LLOSA

Beatriz, entre el infierno y el paraíso

Esta Beatriz, como Ia otra, Ia célebre e imposible Portinari que inspiró a Dante, también evoca infiernos, purgatorios y paraísos, pero, a diferencia de aquella, los suyos no son ficticios sino de carne y hueso y es ella misma quien los escribe. Porque eso es, exactamente, el libro que tiene el lector en sus manos: un paseo, de Ia mano de Beatriz, por el infierno de la violencia y las revoluciones saturninas que se comieron sus hijos, una espera en el purgatorio de las culpas largamente expiadas, y una búsqueda incesante del paraíso terrenal. En ese recorrido, que atrapa una parte mal conocida de Ia historia reciente de América, Beatriz Parga hace desfilar por nuestros ojos, sobre el escenario de Ia maleza y el monte, a algunos de los idealistas más espectaculares, solidarios y trágicos de Centroamérica, a los que fue capaz de acercarse, no sin incurrir en un alto riesgo personal, para sentir de cerca sus furores y sus terrores, sus enconos y su entusiasmo, sus siete vidas de gato, su existencia a salto de mata en busca de justicias siempre esquivas, ideales siempre decepcionados, pasiones no siempre correspondidas y muchas veces contradictorias. En suma, una novela que parece verdad, y una verdad que parece novela.

A la Beatriz que conozco es a la periodista endiabladamente bien informada, que nos cuenta, en sus columnas y entrevistas, todo lo que sabe y los demás ignoramos del mundo del entretenimiento, en su versión latina y su versión anglo, y también su versión anglo-latina, una de las dimensiones más importantes de la cultura hispana de los Estados Unidos. Todos los que hemos sido materia de la pluma de Beatriz hemos temblado de angustia al abrir los periódicos y las revistas donde escribe, esperando encontrarnos allí esos episodios de nuestras vidas que creíamos bajo siete llaves, y todos hemos gozado con su sentido del humor y su ironía, su facilidad y su oficio para decir las cosas, su actitud generosa, siempre exaltando las virtudes ajenas, siempre aplaudiendo los éxitos de los demás; nada más alejado de ella que esa mezquindad o vileza que tanto han emponzoñado el periodismo de entretenimiento de nuestra América.

Pero con este libro, Beatriz, la colombiana de Miami y Ia miamense de Colombia, prueba que yerra quien la confunde con una periodista light, alejada de los grandes temas y los grandes tormentos de América Latina. Su libro descubre a una periodista completa y versátil, y revela que en ella el entretenimiento no está reñido con los temas más serios y dramáticos, ni con las técnicas del periodismo de aventura e investigación, y que cabe en su cabeza mucho más de lo que a ella, sencilla y discreta, le gusta enseñar. A medida que narra aquí la vida de Edén Pastora, el legendario Comandante Cero, y, más brevemente, Ia de Hugo Spadafora, de quien nadie se acuerda hoy, muerto a manos de Manuel Antonio Noriega en el Panamá de los siniestros Batallones de la Dignidad, nos mantiene en vilo gracias a su afición al detalle revelador, la anécdota ilustrada, el ángulo humano que permiten aprehender al personaje en toda su dimensión, que no puede ser nunca la del discurso oficial, el panfleto político o la proclama partidista. Ambos conversan con ella como lo hace un amigo: en confianza, casi en privado.

El lector de estas páginas se entretendrá como si estuviera en una butaca de cine y aprenderá como si asistiera a una clase de historia. Aunque saldrá impactado por la forma en que Beatriz Parga acerca el lente a algunas de nuestras verrugas y llagas, el mensaje del libro no es de derrota: uno emerge de las páginas con ganas de creer en la justicia y Ia libertad.

Alvaro Vargas Llosa

La selva

Es de noche en la frontera con Nicaragua y el peligro nos acecha. Hace frío y siento esa extraña sensación que es el miedo, clavado como una punzada helada en la mitad del pecho mientras avanzamos clandestinamente por el río San Juan. Viajamos en una rústica embarcación formada de la corteza de un árbol de guayacán y solamente el motor que nos impulsa se atreve a cortar el profundo silencio que lo envuelve todo, como las tinieblas que nos impiden ver la ruta de agua oscura y misteriosa, habitada por tiburones, pequeños y voraces, que llegan desde el Atlántico. Más allá, el mismo panorama, la misma oscuridad total cubriendo esa vegetación sorprendentemente verde y espesa de la que en cualquier momento puede salir, rasgando el aire, una bala disparada por el rifle de un soldado sandinista.

A nuestro paso, de vez en cuando, surge de la espesura alguna luz tímida que, come una libélula diminuta, se apaga y enciende sistemáticamente mientras un vigía intercambia señales de respuesta desde la proa de la embarcación. Ese es nuestro salvoconducto para seguir navegando y también el indicio de que nuestra ruta está libre del asedio de tropas enemigas. Resulta un alivio, dentro de tanta incertidumbre, saber que el grupo de combatientes que nos acompaña conoce cada recodo del río con la misma seguridad que yo recorro las teclas de mi máquina de escribir.

La noche anterior fue diferente. Había luna llena y toda la vegetación parecía vestida de gala y brillaba sutilmente bajo su resplandor. No habíamos llegado aún al campamento cuando de pronto sentí un extraño escalofrío. Ocurrió mientras subía por el pequeño farallón que se empina sobre el río. Cuando miré hacia atrás vi al joven de bellas facciones indígenas que me seguía en la caravana con un fusil guindado al hombro. No sé por qué se me ocurrió que llevaba la muerte en la cara. Fue un presentimiento sobrenatural que mi imaginación interpretó como un vaticinio. Tres semanas después se cumpliría irremediablemente...

Decidí callar. ¿Cómo iba yo a hablar de la muerte en un lugar en el que la fatalidad acecha las 24 horas del día? Pero guardé silencio teniendo la certeza de que jamás regresaría a la montaña, convencida de que su mágico hechizo dejaría de existir no solamente para mí sino para muchos de los valientes que recorrían a diario el umbroso territorio del sur de Nicaragua. Mientras apuraba el paso tratando de igualar las pisadas de la silenciosa caravana quise retener en mi memoria la mágica belleza circundante en el instante de una visión postrera. Sin embargo, ya había tomado una decisión: regresaría a San José al día siguiente.

Ajenos a mis temores, mis compañeros de aventura seguían subiendo la empinada cuesta, cubierta de un fango liso y pegajoso a la vez. En ocasiones, resbalábamos como si estuviésemos caminando sobre jabón; otras veces no podíamos avanzar porque el lodo retenía nuestras pisadas obligándonos a hacer un gran esfuerzo para mover cada pie hacia el próximo paso.

En total éramos diez personas: cinco soldados del ejército de Edén Pastora y cinco periodistas: Jeannine Camps, de la Agencia Española de Noticias EFE; Ted Kavanou y Chuck DeCaro de la cadena de televisión Cable Network News CNN; el periodista colombiano y actor Rodrigo Obregón, quien realizaba un documental sobre la guerra en el sur de Nicaragua, y yo como editora de la revista Caribbean Review, además de colaborar con CNN.

Con excepción de Ted -que hacía su primer viaje a la montaña-, todos éramos veteranos reprteros de ésta guerra, hasta el punto de estar ya familiarizados con los campamentos y los combatientes. Al llegar a nuestro destino un par de muchachos vestidos de uniforme verde olivo colgaron las hamacas de Jeannine y mía. Así evitábamos que ocurriera lo que la primera vez que viajé al San Juan: el nudo que yo hice no aguantó mis 110 libras y a media noche caí como un mango maduro sobre el piso causando un estado de

14

alerta general en la oscuridad nocturna. Esta vez, estaba exhausta, tenía hambre y sueño. Me dormí escuchando el canto incesante de los grillos, cuya intensidad aumenta en la medida que la civilización queda rezagada. Pensé que lejos de las tensiones diarias de la ciudad dormiría profundamente...

La voz de Jeannine me puso en alerta. Un viento frío le había cruzado la cara. Encendí una cerilla que iluminó débilmente nuestras hamacas. Un pequeño monstruo, peludo y horripilante, cruzó rápido con las alas extendidas. Nos estremecimos. "Es un murciélago", alcancé a decir antes de que el fósforo que acababa de sacar del bolsillo se extinguiera quemándome las yemas de los dedos. Decidimos cerrar las hamacas sobre nuestras cabezas mientras seguíamos intentando conciliar el sueño. Más lejos, Ted dormía. Rodrigo se había quedado al otro lado del río y Chuck, siguiendo una rutina metódica, dormía ahora profundamente después de haber sido el último en cerrar campamento, revisando su equipo, envuelto en mallas y plásticos, antes de caer en ese descanso reparador que todos necesitábamos tanto...

Horas más tarde me despertó un suave aroma a café. Me estiré en la hamaca, logrando deshacerme de la gruesa lona que me cubría la cara. No tenía que vestirme. Como siempre, todos dormíamos con la ropa de campaña puesta. Fui la primera en levantarme, y evité hacer ruido. Recogí las botas del piso, sacudiéndolas para evitar que al meter los pies en ellas me sorprendiera el aguijón de un insecto o la mordida de una serpiente.

Me senté afuera, en el piso, y procedí al interminable proceso de amarrar los larguísimos cordones de las botas de campaña. Sonreí pensando que jamás había imaginado en mi vida llevar una indumentaria tan poco femenina. Después, caminé hasta la rústica cocina con techo de zinc y suelo de tierra pisada. Al acercarme, una mujer de pelo oscuro y lacio, ojos ligeramente rasgados y lánguida sonrisa me ofreció una taza de café.

-"Parece que los 'piricuacos' andan cerca", expresó preocupada, refiriéndose a los sandinistas con el término que en Nicaragua utilizan para describir a un perro enfermo y apestoso que despierta rechazo.

-"¿Cómo lo sabe?", le pregunté sentándome en el suelo con la taza entre las manos.

-"Porque anoche mataron cerca de aquí a unos muchachos que venían de una misión en Bluefields", explicó con calma añadiendo enseguida: "¿Dios, cuándo tendremos paz?"

Alcancé a dar una vuelta por el campamento antes de que mis compañeros despertaran. A las 6:30 a.m. cruzamos de nuevo el río, que arrastraba espumas y ramas arrancadas por las lluvias en su nacimiento. La larga marcha comenzaría dentro de dos días, cuando llegara un grupo de combatientes que se uniría más tarde a un puesto de avanzada. Después de hacer algunos cálculos pudimos establecer que Edén Pastora, el "Comandante Cero", estaba a dos días de marcha dentro de territorio nicaragüense. Yo anuncié mi decisión de regresar, pero por razones de seguridad no podía hacerlo sino hasta la noche.

Decidimos aprovechar el día viajando en una panga más pequeña hasta dos campamentos próximos que habían sido atacados la semana anterior. Nos recibieron varios combatientes con el uniforme verde olivo y sus respectivos comandantes. Las bajas habían quedado en las montañas, pero lograron capturar misiles antiaéreos, fusiles y algunos soldados sandinistas. Cuando fuimos a ver a los cautivos, no podíamos dar crédito a nuestros ojos. Eran niños de trece a diecisiete años. Les habían entregado un fusil y un uniforme y los habían mandado a pelear. Ahora comprendían el dolor de la guerra, que llevaban pegado al cuerpo como sanguijuelas en esas heridas de bala, aún frescas y cubiertas de yodo. Dentro de una semana serían entregados a la Cruz Roja y al gobierno de Costa Rica para su repatriación a Nicaragua.

Los pequeños prisioneros, como todos los niños heridos o enfermos del mundo, solamente querían ver a su mamá. Me decían que la extrañaban, que se sentían solos y tenían miedo. Pero, especialmente, temían lo que les esperaría a su regreso a Nicaragua. No querían seguir luchando en una guerra que ni comprendían ni querían. Especialmente, que ni sus mismos padres apoyaban.

Más tarde asistimos a una entrega de armas a más de 400 campesinos. Eran hombres humildes, descalzos, casi vestidos de harapos, pero no desesperados. Los animaba la esperanza de derrotar, con sus propias armas, al ejército que supuestamente representa los intereses del pueblo y de una revolución que habían apoyado con entusiasmo. Ahora, desencantados, no solamente habían descubierto que no podían comerciar libremente con sus productos agrícolas, sino que también tenían que entregar a sus hijos para la lucha en las fronteras. Por eso muchos jóvenes llegaban al sur para quedarse. Entre pelear por defender una supuesta invasión y luchar por devolver la democracia a su país, preferían esta última instancia.

Al ocaso el calor canicular del trópico era menos intenso, pero el hambre nos mordía el estómago. Ya nos habíamos acostumbrado al olor almizcloso del sudor pegado a la piel que nos envolvía el cuerpo. Ted quería refrescarse en el río... Cambió de idea cuando le recordamos lo de los tiburones. Había llegado lleno de ilusión a su primera aventura en la selva centroamericana, y ya no parecía sentirse bien. El calor, el hambre, los mosquitos y la marcha difícil sobre el fango que lo cubría todo, no formaban parte de su medio ambiente. Cómo empezaba a añorar la tediosa tranquilidad de su oficina en Washington.

Al regresar al campamento nos esperaba un apetitoso plato de fríjoles. También había sopa de plátanos y ahuyama. ¡Al fin una comida sólida después de 24 horas de marcha! Poco a poco fuimos recuperando las fuerzas perdidas. Jeannine, Ted y Chuck me dieron instrucciones para que me comunicara con sus familiares y lugares de trabajo anunciando su regreso a Costa Rica en los próximos diez días. Rodrigo permanecería por dos semanas. Hablábamos del contraste entre la oscuridad reinante a esa temprana hora, y la claridad de la noche anterior, y empezamos a hacer historias de murciélagos vampiros que desangran a los caballos en la región, cuando un ruido lejano nos puso en alerta. Era el sonido característico de un motor, anunciando la llegada de la panga grande y mi partida.

Nos despedimos. ¡Qué lejos estábamos de imaginarnos que tres semanas después, el 30 de mayo de 1984, una rueda de prensa en el campamento de 'La Penca' sería el escenario de un criminal atentado contra el "Comandante Cero"! La explosión de una bomba dejaría un saldo de tres periodistas muertos y diecinueve heridos. Los periodistas que perdieron la vida eran la periodista norteamericana Linda Frazier, el camarógrafo costarricense Jorge Quiros, y su asistente, Evelio Sequeira. Además, murieron cuatro "Freedom Fighters" de las fuerzas de la Alianza Revolucionaria Democrática Nicaragüense, ARDE, y quedaron heridos de gravedad cinco combatientes más. Entre ellos, el comandante Tito Chamorro, quien perdió un ojo y un oído, y Edén Pastora, el "Comandante Cero" quien recibió quemaduras en el 40 por ciento del cuerpo.

Llevábamos más de una hora de recorrido por el San Juan y los recuerdos se seguían agolpando en mi memoria según avanzábamos hacia nuestro destino. Estaba exhausta y la perspectiva de que aún me quedaban casi seis horas de viaje por tierra me agotaba más. Sentía también una aplastante sensación de impotencia al darme cuenta de que era testigo de una guerra fratricida propiciada por el puñado de hombres de la Dirección Nacional y la nueva clase dirigente de Nicaragua. Es así como los intereses personales y las ambiciones de poder se recreaban despiadadamente en el dolor de un pueblo. Trágicamente ser periodista es comprender que para una dictadura la libertad no es más que una caricatura. Parece increíble que un país tan pequeño como Nicaragua lleve en sus entrañas tantos odios y tantas desventuras. ¿Cuál sería el destino de esta lucha de hermanos contra hermanos enfrentados en una guerra que empezó medio siglo atrás contra una dictadura dinástica prolongada ahora en una dictadura orgánica? En el pasado durante la lucha contra Somoza el saldo fue de 50.000 muertos. ¿Cuántos más faltaban por morir?

Recordé a un niño indígena de 13 años que había perdido a sus padres en el proceso de "reorganización" emprendido por el gobierno sandinista para desalojar a los indios Miskitos y Misuras de terrenos que venían ocupando durante milenios. Me miró, se volteó de espaldas y se limpió una lágrima indiscreta que le humedecía la cara. Minutos después, lloraba copiosamente. Explicó que hacía mucho tiempo que no veía a una mujer y mi presencia le traía recuerdos de su madre. Días más adelante, ese mismo niño mataba a sangre fría a un veterano compañero de lucha. Le descargó su rifle en un arranque de ira porque le disgustaban sus bromas sobre los muchos años que aún le faltaban "para ser un buen guerrillero y un hombre de verdad".

A mi memoria vino el recuerdo de Managua, esa ciudad tan increíblemente diminuta, en la que sus gentes miran atónitas el despliegue de tanques, cañones y fusiles, unido a un militarismo creciente que lo invade todo en la medida que empieza a escasear la comida para el pueblo y la leche para los niños. También está racionada la gasolina de los taxis, que ya no funcionan más de medio tiempo. El trabajo remunerado ha sido sustituido por el trabajo voluntario en las milicias y en los cultivos de café. No hay azúcar, ni aspirinas, ni alcohol, pero sí una gran reserva de armamento. Los feligreses de las iglesias empiezan a ser sustituidos por las denominadas "turbas divinas" que no tienen reparo alguno en lanzar piedras contra el Obispo de Managua. Aún me repugnaba el recuerdo de la misa a la que había sido invitada por miembros del gobierno sandinista, seguida por un baile informal en el que grupos de izquierdistas italianos bailaban animadamente al ritmo del "Polvorete", una canción colombiana, picaresca y sexual. "Las iglesias deben servir también como centros de trabajo y esparcimiento para el pueblo", me explicó un periodista al servicio del régimen cuando no acepté su invitación a bailar en lo que para mí era un templo. Curiosamente, mientras algunos miembros de las "Brigadas Rojas" bailaban animadamente, los únicos nicaragüenses presentes en el ágape eran el padre Cardenal y los integrantes del coro. Al parecer, en ese momento, el beneficio general estaba representado en los intereses banales de unos visitantes extranjeros.

Ensimismada en estos pensamientos, llegué al fin de mi jornada por el río. Fue el último de cinco viajes clandestinos a la frontera con CNN y otros periodistas. Mientras nos acercábamos a la orilla costarricense me propuse terminar el libro que había empezado un par de años atrás y que nunca parecía estar actualizado porque su personaje central, Edén Pastora el "Comandante Cero", siempre tenía una situación política y de lucha impredecible. Un día estaba en España, Venezuela, México o Alemania, haciendo negociaciones políticas, vestido de saco y corbata, y un par de semanas después regresaba a las montañas haciendo críticas a Cuba, la Unión Soviética y los Estados

Unidos, luciendo el uniforme verde olivo, cartuchera, botas y cantimplora, con una expresión severa y una ametralladora entre las manos.

¿Quién es Edén Pastora, el legendario "Comandante Cero"? Una de las figuras políticas de América Latina que mejor despiertan el sentimiento de esperanza de un pueblo oprimido por medio siglo de dictaduras. Héroe en la toma del Palacio Nacional de Nicaragua, logró la victoria militar y política más importante de los sandinistas en la lucha contra Somoza, despertando la admiración del mundo entero.

A partir de ese día el "Comandante Cero" se convirtió en un mito: era el hombre que armado de un ideal y una vida de lucha, se empeñaba a derrocar al dictador, costara lo que costara. La prensa internacional -sin distinción de colores políticos- intentaba infructuosamente localizarlo; el escritor colombiano y posteriormente Nobel de literatura, Gabriel García Márquez, en una columna sindicalizada del continente destacaba la valentía de este hombre agregando que su nombre -Edén- y su apellido -Pastora- eran los menos apropiados para un guerrillero de su talla; desde los Estados Unidos, Robert F. Kennedy, Jr., encauzado en aquel entonces en la que parecía su verdadera vocación personal -el periodismo- anhelaba la oportunidad de entrevistarlo. (En este libro se incluye una carta de Kennedy en el que expresa éste propósito).

Nunca imaginó el líder sandinista que cuando los Estados Unidos presionaran a Somoza para que finalmente presentara su renuncia, su nombre sería incluido dentro de los planes de los norteamericanos para la reconstrucción del país por ser uno de los pocos líderes sandinistas sin un pasado comunista. Paradójicamente, esta circunstancia tuvo mucho peso en la decisión de los sandinistas de excluirlo del grupo de los doce miembros originales que en representación del sandinismo asumieron el poder el 19 de julio de 1979. Hasta entonces, ajeno a toda la publicidad que lo rodeaba, Edén Pastora había continuado la lucha: unas veces, en la montaña; otras, haciendo contactos políticos entre los presidentes y dignatarios latinoamericanos, con el propósito de conseguir su apoyo cuando llegara el triunfo de los sandinistas sobre Somoza.

Ese 19 de julio, aunque Edén Pastora no fue escogido por los mandos superiores del gobierno sandinista para representar los intereses del pueblo en su revolución, al ser aclamado por la multitud eufórica que celebraba la victoria sobre Somoza, fue presentado con las siguientes palabras:

"Y ahora, queridos hermanos nicaragüenses, traemos ante estos micrófonos de Radio Sandino, la voz de Nicaragua libre, a otro de los personajes de leyenda que ustedes ya conocen muy bien. Alguien que cuando entró aquí, lo hizo como entrar a su casa porque ya lo conocían. Se trata del 'Comandante Cero', Edén Pastora".

Después de la entusiasta ovación de bienvenida, que rugió inmensa como un mar envuelto en una gigantesca ola, el "Comandante Cero" se dirigió así al pueblo nicaragüense:

"Voy a ser breve y a decirles sólo dos cosas. La primera es que los momentos que estamos viviendo son el mejor premio que le puede dar el pueblo de Nicaragua al Frente Sandinista de Liberación Nacional. Y la segunda, que les prometo por mi honor mantenerme vigilante en todo momento para que esta revolución no sea traicionada ni mediatizada. Más tarde, habrá tiempo en su cumplimiento de informarles cómo van las cosas. Pero nos mantendremos 'ojo avizor' para que esta revolución no se traicione. Patria libre..."

Aunque Edén Pastora fue nombrado vice ministro de Defensa y jefe de las Milicias Populares (poder armado del pueblo), un año después, decepcionado del giro que había tomado la revolución y resintiendo la injerencia de cubanos, búlgaros y soviéticos en Nicaragua, renuncia a su posición en el gobierno. Según sus propias palabras, se iba "siguiendo el olor de la pólvora..." Y agregaba en su carta de dimisión: "Me voy para las trincheras, que es donde debe estar un combatiente internacional".

Al salir de Nicaragua, Pastora viajó a Panamá, donde se alojó en la casa de su amigo y ex compañero de armas, Hugo Spadafora, médico panameño que mientras ejercía como vice ministro de salud en su país, se retiró del gobierno para dirigir la Brigada Internacional Victoriano Lorenzo, formada por jóvenes panameños, colombianos y venezolanos que lo secundaban en su deseo de liberar a Nicaragua de la dictadura somocista. Tanto Pastora como Spadafora mantenían una estrecha amistad con el dirigente panameño, general Omar Torrijos, con quien se habían reunido en su casa del Farallón el día de su muerte, con el propósito de estudiar la situación política de Nicaragua. Torrijos murió mientras adelantaban esas conversaciones, el 31 de julio de 1980, cuando su avioneta sufrió un accidente en medio de un mal temporal.

La noticia tomó por sorpresa a Pastora y Spadafora, quienes habian planeado   viajar en el mismo vuelo en que Torrijos perdió la vida, pero decidieron quedarse a último momento. Hablaron de la extraña coincidencia y de la posibilidad de que detrás del accidente hubieran manos criminales. Pastora le echó la culpa a la Dirección del Frente Sandinista; Spadafora al general Manuel Antonio Noriega, segundo en el poder militar después de Torrijos y algunos medios noticiosos involucraron a la CIA en el accidente. Pero al final, la versión más aceptada pareció ser la de un percance natural como consecuencia del mal tiempo que ese día asolaba la región.

A la mañana siguiente de la muerte de Torrijos, el general Noriega fue a la casa del Farallón. Le dijo a Edén Pastora: "Tu amigo Carlos Andrés Pérez te espera en Panamá". Spadafora quiso acompañarlo, pero Noriega le dijo al médico panameño que tendría que quedarse mientras se concretaban algunas investigaciones del accidente, e inexplicablemente retuvo a Spadafora en el Farallón.

Pastora viajó a la capital panameña en un avión fletado por el mando militar que ahora había quedado en manos de Noriega. Sin embargo, para sorpresa suya, al llegar al lugar acordado quien lo esperaba no era el expresidente venezolano Carlos Andrés Pérez, sino Tomás Borge. Pastora, sorprendido, reaccionó soltando una carcajada y mientras se saludaban con un abrazo comentó: "No necesitan engañarme para que yo vea a Tomás". Parecía el reencuentro de dos viejos amigos, pero esas no eran más que las apariencias... Edén encontraba la situación un poco absurda. Más aún, cuando Borge le comunicó que había un avión esperándolo para llevarlo a Cuba "porque Fidel quiere hablar contigo".

Todavía convencido de que el Frente Sandinista había estado involucrado en el accidente de Torrijos y un poco perplejo de la aparente estrecha comunicación entre el nuevo mando militar panameño -bajo la dirección de Noriega-, el Frente Sandinista y Fidel Castro, Edén Pastora abordó el avión que tan diligentemente le habían dispuesto. Pero durante todo el viaje a Cuba una pregunta lo atormentó; ¿Estaría este avión destinado también a sufrir un accidente?

Poco después de su llegada a La Habana tuvo una breve entrevista con Fidel Castro en la que el dirigente cubano le aconsejó que no se enemistara con el Frente Sandinista. Después fue trasladado a una villa campestre en la playa de Varadero. Pero antes de partir lo instaron a grabar una entrevista televisada criticando a su amigo Leonel Poveda, vice ministro de comercio de Nicaragua, con quien Edén se había reunido en Panamá y a quien la Dirección acusaba de estar involucrado en un plan para mantener viva la imagen de Cero en Nicaragua, facilitando la pintura para los graffiti que reclamaban el regreso de su héroe nacional.

No quedándole otra alternativa que acceder a la petición de los cubanos -de no hacerlo su amigo Poveda podría ser acusado de traición al Frente Sandinista- Edén Pastora habló frente a las cámaras censurando esta acción y confirmando su apoyo a la revolución sandinista. Un par de días después, la entrevista era trasmitida por los noticieros nicaragüenses, destacando que había sido realizada en Cuba.

Allí, lo mantuvieron durante cuatro meses, reteniendo su pasaporte mientras lo trataban a cuerpo de rey. El tiempo iba pasando y Edén Pastora veía cada vez más difícil su salida de Cuba. Sin embargo, su figura política era demasiado conocida en América Latina para que su desaparición pasara inadvertida. Los periódicos empezaron a publicar noticias registrando la posibilidad de que, con la complicidad de los militares panameños, el Frente Sandinista había entregado a su héroe nacional para que lo retuvieran en Cuba. No logró salir de la isla hasta que lo fue a "rescatar" Martín Torrijos, hijo del general Omar Torrijos de Panamá, quien a los quince años había entrado a formar parte de la Brigada Internacional Victoriano Lorenzo, dirigida por Spadafora.

Durante siete meses Pastora estuvo viajando entre Panamá, México, Costa Rica, Guatemala y Libia -donde recibió de Kadaffi una oferta de cinco millones de dólares para las guerrillas guatemaltecas. El líder nicaragüense profesaba una gran admiración por el grupo de ORPA -Organización Revolucionaria del Pueblo en Armas- simpatizando con su independencia ideológica de la Unión Soviética y Cuba. Sin embargo, sus posibilidades de lucha en Guatemala fueron frustradas por Tomás Borge y Daniel Ortega, quienes disuadieron a los dirigentes guatemaltecos de aceptar la ayuda de Cero.

Edén Pastora regresa a Costa Rica y después de un par de meses de silencio decide denunciar al mundo lo que antes había decidido callar. El jueves 15 de abril de 1981 convoca a una conferencia de prensa en un hotel del suburbio de Escazú, en inmediaciones de San José. Sesenta periodistas costarricenses y extranjeros acreditados en Centroamérica acudieron al encuentro, que se llevó a cabo en medio de las más estrictas medidas de seguridad. Los reporteros fueron movilizados en buses de turismo y no supieron del paradero de Pastora hasta llegar al hotel.

Al iniciarse la conferencia de prensa eran las 10:30 a.m. Se prolongó hasta la 1 p.m. Empezó diciendo: "Me responsabilizo de las consecuencias positivas y negativas de las declaraciones que haré" y enseguida procedió a denunciar "las desviaciones políticas y morales que ponen en peligro el proceso revolucionario y hasta la propia seguridad nacional de Nicaragua".

En tono enérgico el "Comandante Cero" manifestó que no había dedicado su vida a la lucha armada para cambiar una dictadura por otra. "Mi pueblo no luchó para cambiar de amo", expresó indignado. Y a continuación lanzó duros ataques contra los nueve comandantes de la Dirección Conjunta del Frente Sandinista de Liberación Nacional, FSLN, Tomás Borge, Jaime Wheelock, Luis Carrión, Henry Ruiz, Daniel Ortega y su hermano Humberto, Carlos Núñez, Bayardo Arce y Víctor Tirado López (mexicano).

Al ser interrogado sobre sus actividades dentro del internacionalismo o cooperación armada internacional, defendió su posición de ayuda a las guerrillas guatemaltecas. Pero precisó que su refugio en el internacionalismo había sido un escape de su espíritu por lo que consideraba "la traición de los nueve a los ideales revolucionarios. Otros buscaron refugio en el alcohol. Yo encaminé mi frustración por el giro que venían tomando las cosas, en un noble ideal: la liberación de Guatemala".

Para terminar, denunció la supresión de las libertades individuales en Nicaragua, diciendo que de continuar los abusos contra el pueblo nicaragüense sus gentes se verían obligadas a pagar un costo muy alto, "aún un regreso al pasado, a menos que el pueblo armado expulse del poder a aquellos a quienes Sandino señala con el dedo, acusándolos de traidores y asesinos".

A partir de ese 15 de abril, Edén Pastora juró combatir, incluso hasta su muerte lo que llamó la traición de los dirigentes de Nicaragua a los principios revolucionarios de Sandino y de la lucha que los había llevado al poder. Y agregó que empezaría a trabajar políticamente para devolverle la democracia a su patria.

Mientras tanto, el Frente Sandinista supo con preocupación de las declaraciones de Cero. El pueblo nicaragüense, que se había enterado por las emisoras de radio de Costa Rica de las declaraciones de su héroe nacional, estaba conmocionado. Después de advertir que "la revolución tiene largos brazos contra sus enemigos", la Dirección inició una campaña de descrédito en su contra que abarcó desde los graffiti de la ciudad -con una campaña de anuncios callejeros proclamando 'Cero traidor'- pasando por la prohibición de publicar su nombre en la prensa nicaragüense, a no ser que estuviera precedido por el prefijo "el traidor". Hasta el extremo que un día la junta de censura de los medios de comunicación impidió la publicación de un titular del diario "La Prensa" que proclamaba la llegada de la 'hora cero' en las Malvinas, refiriéndose a la guerra entre Argentina e Inglaterra. Los censores dictaminaron que 'hora cero' no podía publicarse porque supuestamente despertaba "una alegoría simbólica de la imagen del traidor".

Durante los primeros meses siguientes a su declaración ante la prensa, Edén Pastora se dedicó a una campaña de tipo político, convencido de que Nicaragua buscaría una apertura hacia la democracia, haciéndose en esa eventualidad innecesaria la lucha armada. Posteriormente, convencido de que no quedaba otra alternativa, se decidió a empuñar las armas contando con el apoyo y la cooperación de varios nicaragüenses y ex combatientes del Frente Sur que en el pasado habían luchado contra Somoza. También se vinculó a su grupo su amigo y compañero de armas, el panameño Hugo Spadafora quien llevaba ya varios meses domiciliado en Costa Rica.

Al ir creciendo el grupo armado, Edén Pastora hizo público su interés de recibir ayuda "de donde sea: la CIA, la KGB, Kadaffi..." con el propósito de rescatar la revolución nicaragüense para devolvérsela al pueblo. La CIA respondió al llamado, a pesar de que el líder sandinista había manifestado en repetidas ocasiones que aceptaría cualquier aporte a su causa "siempre y cuando no nos impongan condiciones".

Las montañas, ríos y pantanos se cubrieron de combatientes ataviados con el característico verde olivo que por más de cincuenta años venía estremeciendo la quietud selvática con el estallido de la pólvora en los rifles. Edén Pastora había regresado a la clandestinidad que ha sido la rúbrica de su vida. Pero poco a poco empezaron a surgir inconvenientes. La ayuda llegaba con cuentagotas y, finalmente, con imposiciones que el líder sandinista no aceptaba. ¡No había combatido 23 años contra la guardia para terminar unido a quienes tanto aborreció! Y en un momento crítico de la lucha afirmó que se negaba a pactar con la Fuerza Democrática Nicaragüense, FDN, porque, en su opinión, estaba "infiltrada" de elementos somocistas.

Circulan versiones de que Edén Pastora y Oliver North se entrevistaron varias veces en Costa Rica, y que las vibraciones entre ambos no habían sido muy buenas. Dos "Comandantes" con mayúscula que querían dirigir su propia guerra. Porfiados, estoicos, carismáticos y convencidos -cada uno por su cuenta- de representar los intereses de su patria, se dieron cuenta desde los comienzos que no había espacio para ambos.

La actitud de rebeldía de Pastora tuvo un precio muy alto: se le suspendió la ayuda y Costa Rica lo expulsó de su territorio. Parecía un poco absurdo imponerle fronteras a quien yo una vez le vi cinco pasaportes de diferentes colores y nacionalidades. Sin embargo, a pesar de que Edén Pastora entraba y salía clandestinamente de Costa Rica cuando le daba la gana, esta medida limitaba la comunicación con su mujer y sus hijos -que vivían en San José- y las posibilidades de organizar su lucha en Nicaragua.

Más tarde viaja a Panamá y Honduras, de donde también lo expulsan. La clandestinidad y el exilio se convierten en sus amargos compañeros hasta agosto de 1982 cuando Cero se entrevista con Luis Alberto Monge, presidente de Costa Rica, quien se encontraba en Santo Domingo con ocasión de la inauguración del mando del presidente Salvador Jorge Blanco. Las conversaciones tienen resultados positivos: Pastora puede regresar a Costa Rica siempre y cuando no aproveche la hospitalidad del país centroamericano para convertirlo en base de sus operaciones militares. En esa ocasión, habia una gran expectativa entre los medios sobre el anuncio de una rueda de prensa de Pastora y los periodistas se congregaron en el hotel Jaragua, en espera de noticias sobre el lugar y la hora en la que se llevaria a cabo.

Nadie se enteró, hasta ahora, que el combatiente nicaragüense fue, en cierta forma, obligado a cancelarla. De hecho, a petición de Pastora presencié una visita que le anunció desde el día anterior el dirigente dominicano, José Francisco Peña Gómez. A la hora señalada, el político dominicano llegó al hotel y le insistió. "Por cortesía con nuestros invitados del gobierno nicaragüense le pedimos que se abstenga de ofrecer una rueda de prensa. Además, es importante que lo tenga en cuenta si es que usted quiere seguir visitando la República Dominicana y mantener unas buenas relaciones con nosotros".

Me quedé en shock. Sin dar explicaciones, Pastora canceló su rueda de prensa.

Esa mañana yo habia asistido a una rueda de prensa del poeta y escritor Sergio Ramirez Mercado, uno de los dirigentes de la Junta de Nicaragua. Llegué muy temprano, y le fui explicando a mis colegas que queria hacer un artículo para Caribbean Review sobre la libertad de prensa. Como posiblemente no me permitirian hacer todas las preguntas, le fui entregando a los colegas dominicanos mis preguntas, escritas a mano en media hoja de papel. Todos aceptaron mi petición. Así conseguí la entrevista con Ramírez Mercado que después publicó Caribbean Review. A mi segunda pregunta sobre el tema de la prensa en Nicaragua, Ramírez Mercado me recriminó: "No le voy a responder porque esas no son preguntas periodisticas, sino preguntas politicas". Energicamente le respondí: "Según eso, usted no consideraría periodista a Oriana Fallaci…".

Vale anotar que al final de la rueda de prensa Ramirez me invitó a visitar a Nicaragua y se acercó en persona a reiterarme que esperaba que yo viajara a Nicaragua, como hice un par de meses más tarde. Por cierto, que viví una situación de peligro por cuenta del Ministro del Interior, Tomás Borge. De hecho, enojado por una pregunta que le hice sobre un preso político en presencia de Carlos Fuentes,unos soldados me sacaron del grupo y me retuvieron en una de las casas de seguridad que tenían. Lo ocurrido no viene al tema de este libro, pero me limitaré a decir que cuando cancelaron mi estadia en el hotel Inter Continental de Managua, me fui a un pequeño hotel al que se marchó casi toda la prensa. Esa noche, despues de ser retenida por varias horas por soldados al servicio de Borge, finalmente a insistencia de un periodista italiano, me dejaron libre. Regresé al hotel donde esperaban frente a la puerta principal dos jeeps del gobierno, asi que le pedí al taxista que apagara las luces y me dejara por la puerta de atrás. Esa noche tuve que dormir debajo de la cama del hotel, y al dia siguiente salí de madrugada al aeropuerto, para tomar el primer vuelo rumbo a Miami.

Al regresar a San José, Edén Pastora cumple su promesa de mantenerse al margen de la lucha armada dentro del territorio tico. Pero cruzando el río San Juan, en la frontera entre los dos países, el "Comandante Cero" reclamaba el control de cerca de 30.000 kilómetros cuadrados. Desde allí, con un ejercito de 7.000 hombres mal alimentados, medianamente armados y apenas vestidos con un uniforme y un par de botas, luchaba e iniciaba el proceso organizativo de la liberación de Nicaragua.

Sin embargo, la época de oro de su revolución llegaba a su término... Entre muchas medidas encaminadas a cambiar la dirección de su política entre los "Contras" el Departamento de Estado había trasladado a Haití a uno de los funcionarios más conocedores de los problemas y de los dirigentes de Nicaragua. Inexplicablemente, Lino Gutiérrez, quien estaba a cargo de la oficina de Asuntos Nicaragüenses del Departamento de Estado, sorpresivamente fue sustituido, y después de enrolarlo en unos cursos de francés lo enviaron con un puesto diplomático a Haití. Gutiérrez, norteamericano de origen cubano, tenía una gran ventaja sobre su sucesor: hablaba el mismo idioma de los rebeldes, estaba mejor enterado de lo que ocurría, y por su afinidad étnica, sabía mejor como manejarlos. Aunque Edén Pastora jamás lo conoció, le halagaba saber que en su despacho en Washington tenía detrás de su escritorio un cuadro con la imagen de Sandino y que desde la montaña su gente pudiera comunicarle sus necesidades.

Hay una anécdota que ilustra muy bien el cambio. Un dia reclbí una llamada de Pastora, desde la selva. Era un radioteléfono y no se escuchaba bien, pero me pidió que llamara a Washington a un alto funcionario del Departamento de Estado y le dijera que por favor les enviara comida. "La gente no aguanta ya el hambre", me dijo. Le sugerí que llamara él directamente. "Imposible", me dijo. "Ahora no hay quien hable español en el Departamento de Estado, y aquí nadie habla inglés".

Con el cambio de vientos en Washington, y tal vez las dificultades de idioma de parte y parte, meses más tarde Edén Pastora perdió el apoyo del gobierno norteamericano. Sin embargo, esta circunstancia no pareció amedrentarlo. Sin dinero, sin esperanza de ayuda financiera, sin equipo de radio -que había sido desmantelado por las autoridades costarricenses- sin posibilidades para continuar, el líder nicaragüense seguía empeñado en no rendirse.

Empezó a recorrer el mundo en busca de ayuda y, para sorpresa suya, la encontró entre los exiliados cubanos y nicaragüenses en los Estados Unidos. Organizó teletones y campañas de recolección de fondos invitando a los radio oyentes de Miami, Los Ángeles, Nueva York y Chicago. Envió cartas a los dirigentes de varios países pidiéndoles apoyo para sostener su lucha. Visitó a Carlos Andrés Pérez de Venezuela, Alfonso López Michelsen de Colombia, Felipe González de España, a los dirigentes de la Social Democracia y a funcionarios de Israel. Más tarde, buscó publicidad para su causa minando el puerto de Corinto, en Nicaragua. ¡Lo intentó todo! Pero los fondos recaudados no alcanzaban para sostener un ejército ya menguado de 5.000 hombres, que tenían que comer todos los días.

El 30 de mayo de 1984 durante una rueda de prensa convocada por Pastora en La Penca, un humilde rancho en la ribera del río San Juan, estalló una bomba que colocó un argentino contratado por Tomás Borge, Ministro del Interior de Nicaragua, y por Renán Montero, un cubano que fungia como jefe de inteligencia sandinista. Siete personas murieron, incluyendo tres periodistas, y Pastora sufrió graves quemaduras. Años más tarde se supo que la bomba fue puesta por Vital Roberto Gaguine, un izquierdista argentino simpatizante del Frente Sandinista de Liberación Nacional (FSLN) que consiguió el acceso a la convocatoria con ayuda de un periodista. Su identidad se confirmó 25 años después cuando reapareció Peter Torbiornsson, el periodista que lo llevó como camarógrafo. Atormentado por su conciencia, reveló que contrató a Gaguine por recomendación de Borge y Montero, a quienes había entrevistado en Nicaragua. Desconocia los planes de Gaguine, muerto en un ataque guerrillero en Argentina, en 1989. Sin embargo, un equipo de reporteros dirigido por el periodista Juan Tamayo, de The Miami Herald, corroboró la historia después que un experto dictaminó que las huellas dactilares de Gaguine coincidian con las obtenidas en el atentado de La Penca.

Las dificultades de Pastora se acentuaron cuando su ex compañero de ideales políticos, Alfonso Robelo, se apropió de su helicóptero, los jeeps Laredo, lanchas y demás medios de transporte. Asimismo, Robelo les ofreció a los comandantes de las fuerzas de Pastora la posibilidad de seguir luchando por la liberación de Nicaragua sin morirse de hambre... Les ofreció dinero.

Por fin, hostigado, incomprendido, obstaculizado e imposibilitado de salvar los obstáculos impuestos por quienes habían sido sus aliados, en 1986, Edén

Pastora abandona la lucha armada y acompañado de 150 de sus hombres se entrega a las autoridades de Costa Rica.

En el momento de terminar este libro, Pastora se encontraba dedicado a una de sus más viejas aficiones: la pesca. Anteriormente había vivido de esta actividad durante otro paréntesis de su vida, al contraer la lepra de las montañas, durante su lucha contra Somoza. En aquel entonces se dedicó a la pesca comercial de tiburones por dos años en el Atlántico, en Barra del Colorado, siendo aquellos días, según sus propias palabras, la época más feliz de su vida.

En medio de su derrota, Edén Pastora no daba entrevistas. El antes locuaz dirigente nicaragüense afirmaba no poder decir nada porque estaba de luto por Nicaragua. El olor de la pólvora lo había dejado con un sabor amargo... Sin embargo, durante la última entrevista que me concedió en Costa Rica, en enero de 1987, confirmó su disposición de carácter para la lucha armada reiterando: "Un tigre jamás pierde sus manchas".

Pastora después regresó a Nicaragua, participó como candidato a la presidencia y perdió. Terminó por quedarse a cargo de un proyecto que le encomendó Ortega, el dragado del rio San Juan, en detrimento de Costa Rica, el país que siempre lo habia acogido como propio y que -con justa razón- nunca lo perdonaría.

Este libro, como testimonio histórico de una periodista que recorrió la escena política de Nicaragua en la década de los 80s, a veces con Caribbean Review, otras veces trabajando con Chuck DeCaro de la cadena CNN, contiene además algunas páginas dedicadas a una figura legendaria, asesinada en oscuras circunstancias por el mando militar panameño. Se trata de Hugo Spadafora, combatiente internacionalista que apoyó a Edén Pastora en su lucha contra la dictadura de Somoza y después contra la Dirección del Sandinismo. Sus vidas y sus principios democráticos se identifican más allá de las diferencias de tipo personal.

2

"Mi pueblo no combatió para cambiar de amo"

A los siete años despertó políticamente cuando su padre fue asesinado por un general de Somoza. A los 18 se internó en la selva hondureña para unirse al Frente Revolucionario Sandino que luchaba en la frontera contra el somocismo en Nicaragua. A los 40 ocupaba las primeras páginas de los periódicos del mundo después de dirigir la toma del Palacio Nacional de Nicaragua y dar a conocer su nombre de batalla: Edén Pastora, el "Comandante Cero".

Hoy por hoy no hay otro guerrillero en la América Latina más controvertido, admirado y temido que Edén Pastora. Algunos aseguran que el hombre al que no le tembló el fusil en la lucha armada, por primera vez lloró de alegría cuando el pueblo de Nicaragua proclamó el triunfo de la revolución y lo aclamó calurosamente el día que los nueve miembros de la Dirección Nacional asumieron el poder. Pastora no era uno de los nueve, pero era una de las figuras más respetadas de la revolución.

En momentos en los que desempeñaba los cargos de vice ministro de defensa y jefe de las Milicias Sandinistas (poder armado del pueblo), sorprendió al mundo cuando renunció porque, según sus propias palabras, se iba "siguiendo el olor de la pólvora". Poco después viajó a Panamá, Guatemala, El Salvador y Cuba para desaparecer por un tiempo y reaparecer más tarde anunciando que volvería a su país "para devolverles Nicaragua a los nicaragüenses". Y advirtió: "Que no se meta nadie, nadie... Ni Cuba, ni Washington, ni Moscú. Este es un asunto de los nicaragüenses y debe ser resuelto por los nicaragüenses. Sandino no era comunista".

Al ser expulsado de Costa Rica en 1982, Pastora regresó a la clandestinidad en las montañas. El río San Juan, como un hilo de agua oscura y turbulenta, marca la frontera entre Nicaragua y Costa Rica. También es el límite de lo que él reclamaba como los dominios de su revolución. Desde esa pequeña faja de tierra nicaragüense Edén Pastora luchó por la libertad de su pueblo. Sin ayuda, sin dinero, sin municiones, pero sin rendirse a la adversidad, el Comandante Cero ha sido admirado, temido y odiado por ultra izquierdistas y ultraderechistas. Los primeros no conciben que exista un revolucionario convencido de que el marxismo no es más que una ideología obsoleta y ajena al Nuevo Continente. Los segundos no entienden su posición de verdadero no-alineado, que no quiere unirse a la guardia somocista, ni tampoco acepta órdenes de Washington.

Firme en sus convicciones, el Comandante Cero en los 80s se conocia por su posición de centro, sin dar su brazo a torcer a quienes lo perseguían o a las presiones. Su ejército, estaba formado de hombres sencillos, campesinos humildes que lo acompañaron en su lucha por derrocar la dictadura de Somoza, y aseguraba que su lucha era la misma, que su meta no había cambiado: liberar a su patria de la opresión.

Veterano de 300 batallas, Edén Pastora jamás fue herido en la lucha revolucionaria. Una vez lo salvó una estrella de bronce que llevaba en el pecho. Otra, una insignia metálica en su boina. Sin embargo, el 30 de mayo de 1984 resultó gravemente herido por una bomba explosiva colocada durante una conferencia de prensa realizada en La Penca, sobre el río San Juan. El artefacto dejó marcas en el 40 por ciento de su cuerpo y un saldo de veinticuatro heridos y seis muertos. "Esos que pusieron la bomba, no eran hombres de verdad... ¡Maricones! Por no luchar de frente, como luchan los hombres, murieron varios inocentes... Sobreviví, pero si hubiese muerto... Estaba en Nicaragua, ¡qué bello lugar para morir!"

Edén Pastora, el legendario 'Comandante Cero', ha sido el primer guerrillero de ideología no-marxista surgido de las montañas latinoamericanas. Durante su segunda etapa de lucha en la selva centroamericana, cuando contrajo lepra del trópico, tuvo que abandonar temporalmente las trincheras y dedicarse a la pesca de tiburones. También, en una ocasión de su vida, al salir de la cárcel a la que había sido confinado por su oposición a Somoza, recibió dentro de un programa de desarrollo ganadero emprendido por Somoza, varias cabezas de ganado. Poco tiempo después se ubicaba entre los mejores criadores de hato del Infonac. Pero aunque Edén Pastora siempre obtenía buenos rendimientos en cualquier empresa que acometía en el sector privado, éstos han sido apenas paréntesis de su vida en las montañas.

La posición nacionalista del héroe nicaragüense podría compararse con la que mantuvo durante su vida el líder filipino Emilio Aguinaldo, quien luchó contra España contando con el apoyo de los Estados Unidos y de la prensa norteamericana. Cuando quiso mantener a su patria fuera del control norteamericano, los titulares de prensa se referían a él como "el traidor" y al ser aprisionado fue condenado a arresto domiciliario por cerca de cincuenta años. Al final de su vida, cuando cumplió ochenta años de edad, el New York Times destacó una noticia: "Los Estados Unidos le dan una serenata a un ex prisionero" (U.S. Serenades Former Prissioner) Hay que destacar la transición entre las primeras informaciones publicadas sobre el líder filipino, descrito por largos meses como el "héroe Aguinaldo" para después pasar a los titulares como a como el "traidor Aguinaldo". Más o menos, como le ocurriría a Pastora en Nicaragua.

Indignado por la presencia de Cuba en su país, Edén Pastora le advierte a Fidel Castro "... que no se meta. Yo le pido a Fidel que se lleve a sus asesores militares, que los saque de Nicaragua, porque cuando yo llegue a Managua, los voy a sacar a tiros".

Pero en la misma forma que no acepta la ingerencia de Cuba ni de Moscú en Nicaragua, también rehúsa ser un títere manejado por Washington. Sin lugar a duda, Edén Pastora es el hombre en el ojo de un huracán. Para quienes no creen en la legitimidad del Frente Democrático Nicaragüense, FDN, como grupo sin vínculos con el pasado somocista, éste hombre de barba hisurta, que ha llevado toda su vida el verde olivo y conocedor de cada centímetro de las montañas centroamericanas representó una alternativa en la solución de los problemas de Nicaragua, una respuesta a la angustia de un pueblo que ha vivido de dictadura en dictadura, una posibilidad de paz bajo ideales democráticos.

A pesar de sus seis años de exilio en Costa Rica, Edén Pastora seguía siendo el héroe de la toma de Palacio, aunque, indudablemente, el propósito de la Dirección Nacional de deteriorar su imagen ha tenido frutos negativos para su proyección histórica. Para quienes están en los extremos, el líder nicaragüense es y seguirá siendo un rebelde sin causa. Para muchos, un líder natural de su pueblo, un hombre legendario, un patriota, un idealista, un soñador. Para las gentes de Nicaragua que aún anhelan vivir en libertad, Edén Pastora representa la frustración de una promesa de paz bajo unos principios democráticos.

Después de luchar incansablemente por mantener un ejército no-alineado tercerista que le devolviera la libertad a Nicaragua y de asegurar que no aceptaría condiciones "de ningún dignatario grande o chico, de dondequiera que sea", Edén Pastora se vio obligado a claudicar. La bomba que explotó en 'La Penca' y otra que iba dirigida a su hijo Alvaro -y que le costó la amputación de ambos brazos al joven de diecinueve años que la recibió- lo han hecho reflexionar. Sabía entonces que sus enemigos estaban en los extremos, pero confesaba no saber dónde estaban sus enemigos.

El líder que anunciaba con firmeza: "Seguiré luchando sin descanso por conseguir paz, libertad y justicia para Nicaragua. Hasta ese día no tendré reposo, o moriré luchando, de pie, como los árboles, con dignidad", pasó a convertirse en un pescador. En el momento de la entrevista, estaba retirado de la lucha, pero a lo largo de las entrevistas que abarcaron la etapa de su vida comprendida entre mayo de 1983 y enero de 1987, se capta el testimonio del carácter y los ideales de un hombre que un día soñó devolverle la libertad a Nicaragua.

BP- ¿Cuánto tiempo lleva Ud. combatiendo?
EP- "Veintinueve años. Yo empecé en 1957 organizando el comité revolucionario nicaragüense en la Universidad de Guadalajara, México. Ese fue mi primer trabajo político, mientras estudiaba medicina. Reuní 25 ó 35

compañeros de estudio, y viajé hasta Honduras para integrarme a un movimiento guerrillero. Esto ocurrió entre el '59 y mediados del '63. Luchamos dentro de un grupo que se llamaba el Frente Revolucionario Sandinista, que fue el primer movimiento que luchó por liberar a mi país de la dictadura de Somoza. Además, fuimos los primeros que decidimos reivindicar al general Sandino como símbolo histórico en la lucha por la liberación de nuestro pueblo. Ese movimiento fue el primero en adoptar la bandera roja y negra de Sandino como bandera de combate, y el ideario sandinista como orientación política ideológica de la lucha".

BP- ¿Se definiría en estos momentos como un hombre político o de lucha?

EP- "Eso soy... Un hombre político de lucha".

BP- Sin embargo, a veces habla de lucha y otras de una solución política para Nicaragua. Cuando lo veo en la montaña con su uniforme verde olivo y su fusil, no me cabe duda: es un hombre de guerra. Cuando lo veo en sus giras por el mundo: un pacifista en campaña.

EP - "No, yo no soy un pacifista, pero siempre he sido amante de la paz, que es distinto. Cada vez valoro más la paz, especialmente en la medida que uno va conociendo los horrores de la guerra, va amando más la paz".

BP- Entonces, si ama tanto la paz, ¿por qué lucha ¿No le parece que el precio de una revolución es demasiado caro para un pueblo?...

EP- "La libertad es cara... Definitivamente, lo bueno cuesta..."

BP- Insisto: ¿No es horroroso ver tantos muertos?

EP- "Sí... Es horrorosa la muerte. ¡Pero es más horrorosa la esclavitud!"

BP- ¿Recuerda su primer combate?

EP- "Sí. Mi bautizo de fuego fue en Las Trojes cuando atacamos un puesto de la Guardia Nacional. Éramos treinta y cinco hombres y peleamos contra toda la guarnición que había en Teotecacinte, que ascendía como a 250 ó 300 hombres. ¡Parece mentira!, pero en la guerra de guerrillas se puede... Posteriormente peleé en Las Mieles, Capire, en las montañas de San Paulo, Chachauhon; después fui subiendo a todas las colinas de Nicaragua a lo largo y a lo ancho, pasando por Zinica, Wuaslala, Pancasán, Las Guías, Mizrahua,

La Colina 155 y la colina de Ostayo. Yo me subí a todas las colinas de Nicaragua. A la única colina que no subí fue a Las Colinas de Managua, esa zona residencial de la burguesía donde ahora se metieron todos los comandantes..."

- **Después de tanta dictadura... De ver al pueblo de Nicaragua pasar de las dictaduras de los Somozas a la de la Dirección, ¿qué siente un revolucionario cuando le ha dedicado su vida a la revolución y ve que ha sido un fracaso?**

EP- "Mire... La lucha no fue tan infructuosa. Sí, tumbamos a la dictadura, tumbamos a la tiranía cruel, espantosa del somocismo. Lo que sí es muy triste es que, una vez en el poder, los nueve comandantes de la revolución traicionaron al sandinismo, dejaron de ser sandinistas. Tal vez nunca lo fueron verdaderamente... Se quitaron la careta y empezaron a implementar una revolución marxista leninista, sovietizante, de partido único, de seguridad del Estado represiva, de régimen policiaco, y todo eso contraviene a la moral sandinista. Porque Sandino habló claro cuando dijo que el gobierno no era patrimonio de ningún partido. Allí Sandino se declara pluralista. En cambio, ellos están creando un partido único. Sandino era partidario de que se dieran todos los atributos efectivos de la democracia como libertad de prensa, libertad de movimiento, elecciones libres, participación del pueblo en las decisiones nacionales, de que las líneas subieran de abajo, desde las bases... Ellos han engañado al pueblo confundiéndolo, haciéndole creer que la Dirección Nacional es lo mismo que la revolución, y que quien ataca a la Dirección Nacional ataca la revolución o critica a Sandino. Han confundido al pueblo haciéndole creer que Sandino es igual a comunismo, y le han hecho creer al pueblo que el pueblo está participando de las decisiones nacionales. ¡Noooo! Ir a una plaza a gritar consignas no es participar en las decisiones nacionales, ir a las manifestaciones a gritar ¡Poder popular!... ¡Obreros y campesinos al poder!... ¡Un sólo ejército!, no es participar en las decisiones nacionales. Para participar en las decisiones nacionales hay que hacer estructuras partidarias que permitan que la paz participe en las decisiones; y ellos, ¡a estas alturas! no han hecho una estructura política donde el pueblo participe. Entonces, me hizo una pregunta de que cómo me sentía... Me siento igual que todo el pueblo de Nicaragua... Hay una mezcla de sentimientos entre todos nosotros los nicaragüenses ante la traición. Siento lo que pueden sentir todos los pueblos del mundo cuando se sienten traicionados, y dentro de aquella mezcla de sentimientos en mí, experimento la tristeza, la angustia, la frustración, la cólera, la ira, y también siento resentimiento...”

BP- Mucha gente se siente confundida por la procedencia de la ayuda que usted recibe para su revolución... Se dice que para conseguir esos medios no vacila en recibir ayuda de países de las más divergentes ideologías. Lo mismo acepta ayuda de Cuba que de los Estados Unidos, de Israel que de Kadaffi...

EP- “Claro que la acepto ¡De donde venga la recibo! Si usted tuviera a su madre enferma, muriéndose, se detendría a analizar a la persona que le ofrece su ayuda para salvarla? Nooo. ¡Lo importante es salvarla!, ¿Cierto?. Pues bien, yo también la acepto. Solamente que cuando yo acepto ayuda, la acepto siempre y cuando no me impongan condiciones. Siempre y cuando se tenga en cuenta la dignidad de un pueblo, se respete la dignidad de una persona...”

BP- ¿Qué tanto necesita esa ayuda?

EP- “Mucho. La necesito, ¡mucho que la necesito! Para salvar nuestra revolución popular sandinista, para salvar de una hecatombe a ese pueblo sufrido y noble que bien merece vivir en libertad, paz y tranquilidad. Solo así, pacificado Nicaragua, con una verdadera democratización y un gobierno de nicaragüenses para nicaragüenses y por los nicaragüenses, se podrá pacificar el área. La paz en Centroamérica tiene que pasar a la fuerza por Nicaragua, por la democratización de Nicaragua, independientemente de la ingerencia de cualquier potencia”.

BP- Cuando usted estuvo en la guerra contra Somoza, ¿tuvo discrepancias con los líderes de la revolución sandinista?

EP- “No. En aquellos días todos manejábamos la línea tercerista, que es la que siempre pensé” que se llegaría a practicar en Nicaragua. En ese entonces no había problemas porque todos teníamos un solo propósito: librar a Nicaragua de la dictadura cruel del somocismo. Los problemas surgieron después, cuando tomamos el poder y empezamos a aplicar nuestros principios en la revolución".

BP- **Usted es conocido en el mundo como "Comandante Cero". Dígame, cuando usted piensa en sí mismo, piensa como "Comandante Cero" o como Edén Pastora?**

EP- "Como Edén. Me siento más a gusto cuando me dicen Edén. Me da más confianza, me siento más cerca de la persona, más identificado. Me siento... No sé". ¡Me siento mejor, pues!"

BP- **¿Por qué el nombre de 'Comandante Cero'?**

EP- "Porque en el operativo del Palacio yo llevaba el distintivo del Cero. Porque nosotros contamos desde el cero, uno, dos, tres, hasta el numero mayor. Cero significa el responsable..."

BP- **¿Y por qué Cero y no Uno?**

EP- "Por qué arrancan de cero los cohetes? Es semántica, digo yo. Cuando dicen cinco, cuatro, tres, dos, uno, cero ¡es la hora de la partida! Por eso mismo, aunque digan que el cero no tiene valor, siempre tiene... No hay matemáticas sin cero y los nueve necesitaron un cero. Y si no lo tomaron en cuenta, les va a salir mal porque no pueden sumar, no pueden restar, no pueden hacer ningún cálculo matemático. Nada hacen los nueve números sin el cero".

BP- **Y si a usted lo hubieran nombrado el décimo comandante de la Dirección Nacional, ¿qué habría pasado?**

EP- "Yo creo que hubiera pasado lo mismo. No me hubieran oído, me hubieran acusado siempre de bajo nivel ideológico, me hubieran acusado de inmadurez... de falta de conciencia de clase. Y hubiera tenido que salir lo mismo a luchar contra lo que yo creo que es un error".

BP- **¿No tuvieron que ver sus discrepancias con ambición de poder?**

EP- "No, en lo absoluto. Yo en Nicaragua lo tenía todo en mi cargo como vice ministro del interior en la dirección de las milicias podía ejercer el poder como quisiera, dentro de los límites de su ideología marxista leninista. Aparte, tenía el respeto y el cariño de todo el pueblo nicaragüense. Si yo tuviera ambición de poder, hoy sería el dueño del poder absoluto en

Nicaragua. Creo que esa fue una de mis fallas: no haber tenido ambiciones de poder. Seguramente si me lo hubiera tomado, estaríamos haciendo una verdadera revolución popular sandinista. Pero como no la tuve, confié en los dirigentes terceristas porque creí que aplicaríamos en Nicaragua una revolución sandinista, auténtica, con un modelo tercerista. Esperaba que el bienestar del pueblo nicaragüense y las libertades estuvieran por encima de lo militar. Ellos hicieron lo contrario...”

BP- **¿Nunca pensó en la posibilidad de dar un 'golpe'?**

EP- “Yo había acumulado un gran poder en Nicaragua, y pude haberlo aprovechado. Pero dentro de un proceso revolucionario que había contado con el apoyo de los sectores populares de América Latina, de la Internacional Socialista y del mundo, no cabía un golpe de estado. No lo hubiera entendido nadie y nadie me habría apoyado, porque el mundo desconocía, y aún muchos desconocen, lo que estaba pasando en Nicaragua. La verdad, se me habría venido el mundo encima. Yo en un principio acepté formar parte del gobierno de la Reconstrucción Nacional porque yo tenía confianza en los Ortega, ellos manejaban el tercerismo y yo creí que esa era la política que se impondría en Nicaragua. Pero las cosas cambiaron... Vino Tomás con sus dogmas marxistas y estalinistas, mientras yo defendía la democracia y los intereses nacionales. Pero ya era muy tarde. En Nicaragua habría podido dar un golpe, pero el mundo no lo habría entendido y nos habría hostigado haciendo la situación aún más difícil para el pueblo nicaragüense. Por eso decidí irme al exilio y comenzar la lucha política desde afuera”.

BP- **En una rueda de prensa realizada en Costa Rica le pregunté al Ministro de Justicia soviético si tenían algún interés en Centroamérica. Me respondió que no lo tenían porque ellos tenían suficiente petróleo, carbón y extensión territorial. Se enojó cuando le repliqué “¿Qué hacen entonces ustedes en Cuba?” Ahora yo le pregunto a usted, si los rusos ya cuentan con un territorio aliado en Latinoamérica, ¿por qué pueden tener interés en Nicaragua?**

EP- “Tienen a Cuba, pero no tienen territorio en el traspatio del imperialismo. No tienen territorio en el corazón de América para instalar una base de misiles o un epicentro desde donde difundir sus ideas sin tener que atravesar el mar, como en el caso de Cuba. Eso es más valioso que el petróleo, el carbón y todas las cosas que él mencionó. Digamos, es un peón para cambiarlo por un alfil en el ajedrez mundial. Y en el ajedrez de la política, Nicaragua tiene una gran importancia por pobre y chiquita que sea... El soviético lo que no sabe es que nosotros ya no estamos en 'taparrabo' en cuestión de política".

BP- También se habla mucho de los errores que cometen los Estados Unidos en relación con su política hacia la América Latina. ¿Cuál le parece que ha sido el error que los Estados Unidos han cometido?

EP- "El error garrafal de los Estados Unidos, en épocas anteriores, ha consistido en apoyar regímenes totalitarios hasta las últimas consecuencias, conllevando a un régimen de explotación a un pueblo. El error fundamental de su política exterior es que ellos se hayan equivocado en sus análisis políticos y todo lo decidan en base a hombres y fusiles. Un ejército tiene tantos hombres... tantos fusiles... y con esa idea piensan que su política está segura. Ese es un error garrafal. Se les olvida tener en cuenta la importancia que el hambre de los pueblos tiene en el futuro de su política, su economía..."

BP-¿Entonces, usted cree que pesa más el hambre de los pueblos que el poder de los fusiles?

EP- "Definitivamente, ahí tenemos los ejemplos. Nicaragua con Somoza, Cuba con Batista, Haití con Duvalier. Y como van las cosas, América Latina es un volcán".

BP- El gobierno de Nicaragua lo acusa de estar vinculado a los somocistas y a la CIA...

EP- "Eso es una calumnia más. Mire, yo he peleado 27 años contra los somocistas que asesinaron a mi padre. Por eso nunca me he unido a ellos. Yo peleé contra la guardia y contra el somocismo 27 años por las mismas razones que sigo peleando. ¿Que yo soy agente de la CIA? Esa es una cuestión cacaraqueada y gastada ya. Yo recibo ayuda de quien sea, pero como no soy títere de nadie, no hay quien pueda decir que yo represento ninguna potencia extranjera. No lo hice en el pasado, durante la lucha contra Somoza. Tampoco lo hago ahora ni pienso hacerlo nunca. Lo que pasa es que como

Somoza desgastó el comunismo, estos están desgastando la CIA, y todo el que está contra ellos es agente de la CIA, agente del imperialismo, está vendido al imperialismo. En la misma forma, cuando atacábamos a Somoza, todo el que atacaba a Somoza estaba a sueldo de Moscú, era agitador internacional, era comunista. Pero a fuerza de que los tiranos desgasten términos e ideolologías, las cosas han cambiado... ¡Ahora ya nadie le hace caso a eso!"

BP- ¿Usted sinceramente cree que lo que pasó en Nicaragua fue el cambio de una dictadura por otra dictadura?

EP- "Sí. Nicaragua pasó de una dictadura de derecha a una de izquierda. De un totalitarismo de derecha a un totalitarismo de izquierda. Nosotros los sandinistas verdaderos no somos partidarios de los extremos. Somos partidarios de una política centrista, de una política nacional, de una política que le permita a nuestro pueblo libertad, de que el pueblo pueda elegir libremente a sus gobernantes, de que el pueblo tenga libertad de expresarse para que el diálogo público permita el pluralismo partidista, ideológico, para que permita una economía mixta y que esta economía mixta regule las inversiones de capital extranjero. Somos partidarios de una economía mixta, de un tipo de economía que beneficie a todo el pueblo. Actualmente en Nicaragua no hay un tipo de economía definida, no hay leyes que regulen la inversión de capital extranjero, no hay inversión de capitales en Nicaragua, no hay leyes que regulen el juego libre de los partidos políticos. ¡Hasta donde hemos llegado!... En Nicaragua no hay leyes sobre los derechos del pueblo, sobre el bienestar del pueblo. Solamente hay leyes disciplinarias, leyes de represión..."

BP- ¿Me dice usted que en Nicaragua no hay leyes de capital extranjero?

EP- "Bueno, no hay capital. No hay inversión de capital extranjero ni inversión de capital nacional. Mejor dicho, estamos quebrados..."

BP- ¿Cómo se recupera un país quebrado?

EP- "Mira, ¡trabajando! Por eso yo les decía a los compañeros que dejáramos de hacer política, y que todo el mundo se fuera a trabajar, a producir. Sin economía no hay revolución. La revolución no se hace con discursos. Con discursos no calzas al pueblo. Con consignas no le das de comer al pueblo. Con manifestaciones políticas no le das salud, educación y vivienda a un pueblo. Todo eso se puede dar en la medida que el pueblo deje de hacer política en estos momentos y se ponga a trabajar, a producir; y esto está en manos de los que conducen a ese pueblo, que son los comandantes de la revolución, que desgraciadamente no se dan cuenta de eso por estar politiqueando".

BP- ¿La inversión de capital extranjero no implicaría que el país quedara en manos de otros intereses?

EP- "No. No si están las leyes que regulen la inversión de capital extranjero y la inversión de capital nacional".

BP- ¿Cuánto tiempo le cuesta a un país como Nicaragua, que ha sido destruido dos veces, recuperarse?

EP- "Eso depende mucho de la cantidad de capital que se vaya a invertir, de la capacidad de sus dirigentes... Porque el nuestro es un pueblo trabajador y Nicaragua es un país rico en recursos naturales y humanos. Nicaragua tiene algodón, azúcar, ganado, café, maderas preciosas, oro, riquezas marinas, tiene un capital virgen en turismo. Nicaragua es un país con muy buenas tierras, y tiene un pueblo trabajador, estoico, sacrificado. Lo que le falta a ese país, es conducción revolucionaria madura, pragmática, real, desinteresada. Allí lo que hace falta es que los líderes, los dirigentes, antepongan sus ambiciones partidistas e ideológicas a los intereses nacionales".

BP- ¿Cuando un pueblo ha visto por dos veces frustradas sus esperanzas, no cree que se cansa de la lucha?

EP- "Nadie se cansa de ser libre. Y el pueblo que quiere ser libre, lucha, lucha hasta conseguir la libertad o morir de pie, como los árboles, con dignidad."

BP- ¿No se ha cansado de la lucha?

EP- "¡Jamás!" Hasta patria libre o morir, que es nuestro grito de guerra. Eso es una de las cosas más grandes que nos dejó Sandino en su legado histórico. Ese grito de guerra, "Patria libre", nosotros, los nicaragüenses, sandinistas, revolucionarios, lo llevamos metido muy hondo, muy hondo en el alma".

BP- **¿Qué es Sandino para usted?**

EP- "Sandino es la inspiración de mi vida política. En Sandino fue donde encontré la razón de mi existencia, donde me realicé en mi vida ciudadana. Para mí Sandino es lo más grande que ha dado Nicaragua. Rubén Darío y Sandino. Parece mentira que en un país tan pequeñito se den cosas tan grandes en lo bueno, como Sandino, y en lo malo, como Somoza".

BP- **Decía el escritor norteamericano Erik Sevareid que una de las corrupciones mayores de nuestro tiempo es identificar a los hombres con banderas porque eso da razón para justificar los crímenes políticos más atroces. Usted cuando lucha siempre lo hace siguiendo una bandera. ¿Cuáles son las posibilidades de un pueblo que siempre ha estado luchando bajo distintas banderas?**

EP- "Bueno, en el caso de nosotros, los revolucionarios sandinistas verdaderos, que luchamos por los ideales democráticos de Sandino, y que nos identificamos con un ideal que es el sandinismo, hablar de rojo y negro es hablar de la bandera de Sandino, y hablar de la bandera de Sandino es hablar del ideario de Sandino. Un ideario que está por la democracia, por la libertad, por la igualdad de los nicaragüenses, por la paz, por el amor a todo un pueblo, por la dignidad nacional. Un ideario que defiende la soberanía de nuestro pueblo y dejó frases tan bellas como: "La soberanía de un pueblo no se discute, se defiende con las armas en la mano". Sandino es un hombre que nos enseño a amar a Nicaragua. Esa es la bandera, esos ideales están representados en los colores de su pabellón, y ese ideario lo llevamos a la hora de la lucha en la mente, en el corazón. Ese es el sandinismo que queremos rescatar, el verdadero sandinismo. El sandinismo nicaragüense, no el sandinismo soviético o cubano".

BP- **Usted, por sus ideas, despierta mucha controversia... La gente de la extrema izquierda no lo quiere. La gente de la extrema derecha, tampoco. Su caso es similar al de Torrijos, al que no querían ni Castro ni los norteamericanos. ¿Cómo explica eso?**

EP- "¿Sabe por qué? Porque los verdaderamente no-alineados caemos en ese caso. En cambio, los alineados, que se alinean con Washington o Moscú, esos tienen partidarios. Los que se alinean con la Unión Soviética saben que los izquierdistas están con ellos y sólo los de la derecha están en contra, y viceversa. Nosotros, los que nos mantenemos en el centro, entonces tenemos de enemigos a los de ultraderecha y a los de ultra izquierda, que generalmente son los más virulentos. Definitivamente, el centro es una posición muy difícil.

BP- ¿Usted cree que tiene suficiente apoyo en Nicaragua?

EP- "Estoy seguro, no me queda duda alguna. A mi pronunciamiento se dispararon cohetes, bombas en los mercados de Chinandenga, en Managua las mercaderas repartieron los refrescos, en Monimbó sonaron los tambores y repicaron las campanas. Dicen que la gritería se adelantó para el 15 de abril. De 150 mil milicianos, apenas como cuatro mil quemaron sus carnés de milicianos ¡y lo hicieron llorando!"

BP- ¿Y qué van a hacer esos cuatro mil sin carné?

EP- "Bueno, se los voy a tener que firmar otra vez cuando regrese (Risas)..."

BP- ¿Y para ese regreso, cuenta con ayuda?

EP- "Otra vez estoy buscando ayuda... Otras veces la he recibido de pueblos que no tienen otro interés que la libertad de Nicaragua, eso ha ocurrido en el pasado. En el presente, las cosas no siempre se han presentado de esa manera... He recibido ayuda y después me han querido imponer condiciones, y por no aceptarlas me han obstaculizado. No me han dejado luchar. Yo he podido pelear contra el comunismo, pero no he podido contra los obstáculos que algunas veces me ha puesto Washington. Por eso ahora estamos como estamos... Pero conseguiré ayuda de gente honesta, gente revolucionaria que comprende el problema de Nicaragua. Por ahora solamente cuento con el respaldo del pueblo. La ayuda que he recibido es mínima para todo lo que hemos logrado. Pero los obstáculos políticos que me han atravesado algunas potencias no me han permitido llegar hasta Managua, donde los comandantes!".

BP- ¿Quiere eso decir que en la actualidad no está recibiendo ayuda de Washington?

EP- "No me dan ni los 'buenos días'..."

BP- ¿Y el futuro de esta guerra no lo decide Washington?

EP- "No. En el futuro de Nicaragua hay tres fuerzas fundamentales que deciden, y que son: el pueblo de Nicaragua; las fuerzas democráticas del mundo, y en eso van incluidos los gobiernos y pueblos demócratas de la América Latina y la Internacional Socialista Europea; y por último, los Estados Unidos".

BP- **Por sus palabras me parece entender que no cuenta con el apoyo de los Estados Unidos...**

EP- "No. Lo que quiero decir es que no cuento con el apoyo de algunos sectores, porque creo que en los Estados Unidos la mayor parte del pueblo norteamericano comprende la situación de Nicaragua. Lo que ocurre es que en los Estados Unidos hay intereses enormes, distintos intereses... Washington es un continente, un universo de la política, y dentro de ese universo existen muchas ramificaciones del pensamiento. Mi esperanza está en el apoyo que pueda recibir de algunos bloques de poder que comprenden nuestro problema, que saben que no hay libertad en Nicaragua pero que tampoco queremos volver al pasado somocista. De esas personas que creen en la libertad y la democracia de los pueblos, dependen muchas cosas... A lo mejor, al final esos mismos sectores que se han resistido tanto pueden terminar dándonos su apoyo para poder lograr que se incline la balanza y se defina esta situación".

BP- **Usted habla mucho de la revolución nicaragüense... ¿La revolución se hace con armas? ¿Cómo se hace la revolución?**

EP- "La revolución se hace trabajando, produciendo para sacar adelante la economía, y con recursos económicos para desarrollar programas revolucionarios. No se debe confundir la revolución con la guerra revolucionaria..."

BP- **¿No le parece que la mayoría de los revolucionarios se acostumbran tanto a la guerra que después no quieren dejar el fusil?**

EP- "Puede que sí. Es difícil juntar el hombre con el fusil, pero es más difícil, una vez juntos, separarlos. Ese es uno de los problemas..."

BP- **En el caso de personas que, como usted, llevan toda su vida**

en la guerrilla, ¿cómo pueden lograr adaptarse después a un medio normal de vida?

EP- "Yo lo he hecho antes, y he trabajado con éxito. No soy como otros que llegaron al poder sin haber trabajado nunca en sus vidas... Pero no es difícil adaptarse a la vida de un ciudadano corriente si se tiene conciencia de que en esa forma se está cumpliendo con la revolución, con el progreso, con el proceso revolucionario que se está llevando a cabo, y de que el pueblo está recibiendo los beneficios de la revolución por la que se ha luchado tanto".

BP- **Cuando usted piensa en la guerrilla, ¿qué recuerda?**

EP- "Muchas cosas. Es muy complejo pensar en la guerrilla, en la lucha armada. Se piensa en compañeros que ya no están con uno, que murieron... Se piensa en el sacrificio de la familia, en el cansancio físico y el hambre. En fin, se piensan muchas cosas muy complejas..."

BP- **¿Cómo pueden dormir en esas condiciones tan difíciles?**

EP- "Uno se acostumbra... ¡A pesar de que es bien difícil! Nosotros siempre dormimos en el suelo o en una hamaca. En fin, todas esas cosas forman parte de las privaciones de la guerra".

BP- **¡Pero por 27 años!**

EP- "En la montaña el tiempo no tiene trascendencia".

BP- **¿Al faltarle la ayuda necesaria, no siente que perderá esa guerra?**

EP- "No. Hace 25 años nos moríamos porque no teníamos unos dólares para comprar una tapa de dulce. Después, tuvimos los cañones en el '79..."

BP- **¿Quién les dio los cañones?**

EP- "Panamá... Todo eso se sabe. Otros nos los dio Carlos Andrés Pérez o los compramos en la mafia internacional. Todo eso es bien sabido... Lo hemos declarado ya varias veces..."

BP- **¿Usted iba y hablaba directamente con el gobierno?**

EP- "Directamente con Torrijos, directamente con Carlos Andrés Pérez... Sí..."

BP- **¿Alguna vez le impusieron algún compromiso?**

EP- "Jamás".

- ¿O sea que usted todavía cuenta con amistades del pasado en Panamá, Venezuela y los demás países?

EP- "Cuento con muchas amistades..."

- **Si usted volviera a su país, ¿qué haría? Es decir, si lograra tumbar la Dirección Nacional, la revolución...**

EP- "La revolución no se puede tumbar. Yo no voy a tumbar la revolución, voy a consolidar la revolución, a defender la revolución. Si se tumba a la Dirección Nacional, se llama al pueblo a un plebiscito, a una constituyente. Y después, a prepararse para elecciones libres, y todo el mundo a trabajar, a dejar de politiquear y a producir y a sacar la economía a flote".

- **Usted dice que el pueblo de Nicaragua lo apoya... ¿Lo sigue haciendo después de la campaña de desprestigio emprendida en contra suya por la Dirección Nacional?**

EP- "El pueblo conoce la verdad, y ni la misma prensa oficial lo engaña. El pueblo sabe que yo he defendido siempre y defiendo los principios e intereses de la revolución sandinista. Saben que yo soy un sandinista, que lo he sido y que lo seguiré siendo toda mi vida. El pueblo está con nosotros y la prueba está en que la Dirección ha tenido que censurar la prensa, la radio, ha tenido que crear un gran aparato de seguridad y ha sentido la necesidad de implantar un régimen policiaco".

- **La Dirección dice defender la revolución sandinista y usted también enarbola la bandera de defensor de esa revolución, ¿es que ustedes tienen un distinto punto de vista para asimilarla?**

EP- "La diferencia es abismal. Yo hablo como nicaragüense y ellos hablan como cubanos. Yo pienso como sandinista y ellos piensan como estalinistas. Tal vez allí está la gran diferencia: en que ellos son seguidores de Stalin y yo soy seguidor de Sandino..."

- **¿Entonces, a qué se debe que se hayan desviado de la revolución sandinista?**

EP- "¡Ellos nunca fueron sandinistas! No es lo mismo ser sandinista que ser comunista. Henry Ruiz una vez me preguntó: '¿Qué hace Sandino aquí, dentro del Frente de Liberación Nacional?' Lo que ocurre es que ellos tienen una formación marxista-leninista. Yo me equivoqué, reconozco haberme equivocado creyendo que ellos iban a cambiar e implantar una revolución sandinista. En la historia del pueblo de Nicaragua no se puede implantar una revolución ajena a lo nuestro, a nuestras raíces y nuestra tradición. Por eso ellos no pueden implantar una revolución marxista-leninista de corte estalinista. Esa es la gran diferencia. Ellos son imitadores, nosotros somos originales. Ellos dicen ser lo que nosotros somos, pero nosotros somos los auténticos".

BP- La Dirección Nacional lo acusa de "debilidades ideológicas".

¿Por qué?

EP- "Ellos lo dicen porque yo no he buscado "importar" fundamentos ideológicos, inspiración, porque yo creo que en Nicaragua tenemos nuestra propia herramienta, nuestro fundamento, nuestra ideología: la sandinista. Yo no tengo que estudiar elementos preconcebidos, tomos académicos, cuando llevo la inspiración más pura, más original, nacida de la lucha popular, nacida del fondo de nuestro pueblo, de nuestra raza indígena, de un indio de Niquiromo: Sandino. Entonces, por eso ellos dicen que yo no tengo nivel político ni ideológico, porque a mí nunca me interesó el marxismo-leninismo como inspiración, como herramienta de mi lucha. Yo siempre he creído en el ideario sandinista..."

BP- ¿Considera que, de todas formas, la Dirección Nacional está alineada con el marxismo?

EP- "Definitivamente. Ya en sus discursos lo han dicho. A Felipe González se lo dijeron en un principio y ya todo el mundo lo sabe... Lo que pasa es que ustedes, los periodistas, les han hecho un gran favor: siguen llamándolos sandinistas, cuando ése no es mas que un disfraz que utilizan. Ellos pueden decir que son sandinistas, pero actúan como estalinistas. Entonces, ¿porque ellos se autodenominen sandinistas van a seguir llamándolos sandinistas? ¿Van a seguir los periodistas prestándose a ese juego? Lo mismo pasa con el término "contras"... ¿Contra qué? Contra una revolución traicionada será... Sin embargo, la prensa llama a los combatientes de la libertad -como los llama Reagan- con el término de 'contras', que en sí lleva un significado malo. En Nicaragua no hay libertad de prensa, y los periodistas del mundo entero le sirven de eco a la Dirección Nacional, repiten lo que ellos quieren. Por eso se refieren a ellos como sandinistas y hablan de los guerrilleros con un término 'contras'. Ellos tienen todos los términos invertidos: se llaman la Dirección Nacional a sí mismos y no dirigen la nación, la oprimen. No son sandinistas. Tampoco podemos decir que pertenezcan al Frente de Liberación Nacional porque los que buscamos la liberación nacional somos los que no estamos en el poder, los que estamos luchando por la libertad de Nicaragua".

BP- **¿Qué es para usted la política?**

EP- "Para mí la política significa el manejo acertado de los ideales e intereses auténticos del pueblo. Si uno tiene un ideal, debe defenderlo con firmeza dentro de una línea política. Lo que no son compatibles, son el dogmatismo y la política, porque lo uno excluye lo otro. En cambio, los ideales de democracia y la política sí son muy compatibles".

BP- **Pero el suyo es un idealismo sin alineamientos, y eso es muy difícil que en el mundo actual triunfe...**

EP- "Está equivocada. Es posible... Y ese alineamiento es el que le critico a la Dirección. Porque si en este siglo ha habido un ideal que pudo alguna vez practicar el no alineamiento, ese fue el sandinismo. Fue el pueblo de Nicaragua con la revolución popular sandinista. ¿Por qué? Porque la revolución sandinista tuvo la oportunidad de practicar la polidependencia. Depender del mundo para no tener que someterse a las dos potencias. ¿Por qué digo que tuvimos en Nicaragua la oportunidad de practicar la polidependencia? Porque hasta los pueblos pobres como Costa Rica o Panamá, subdesarrollados, se quitaban la comida de la boca para dárnosla a nosotros. Nos ayudaban las gentes de México, Venezuela, el Pacto Andino... ¡toda América Latina! España, Francia, Alemania, Italia, los Países Bajos, los norteamericanos y los socialistas... ¡todo el mundo! Y ese apoyo lo fuimos perdiendo cuando gratuitamente la dirección fue entregando la revolución al campo socialista, sin ninguna necesidad de hacerlo. Y digo gratuitamente porque no teníamos ningún compromiso con la Unión Soviética quien no nos dio ni un dólar ni un arma, y yo tengo autoridad para decir eso porque lo conozco: las armas que nos vinieron de Cuba eran propiedad del pueblo cubano, compradas con el sudor del pueblo cubano en 1959. No nos vino ni un arma soviética. De las armas que nos dio Fidel, no nos dio ningún arma soviética. Fueron las armas que Fidel compró antes de su compromiso con la Unión Soviética. Por eso, cuando Tomás Borge me pregunta '¿Por cuánto vendiste tu carné, Edén?', yo le respondo: '¿Y vos por qué lo regalaste?'. Yo no lo vendí y, en cambio, él lo regaló... Yo no me he vendido ni he vendido al pueblo de Nicaragua. No me he vendido a los gringos... ¡en cambio ellos sí se han regalado a los soviéticos! Y quiero dejar constancia de que yo no soy antisoviético. Soy sandinista y defiendo desde esta posición mi punto de vista sandinista. Desde mis intereses nicaragüenses y como nicaragüense resiento la intervención soviética, la intervención cubana, la intervención búlgara, la intervención de todos los internacionalistas marxistas leninistas. Porque yo distingo entre dos internacionalismos: el internacionalismo sandinista, que es el que va a dar la sangre, el esfuerzo, la vida si es necesario. Pongo como ejemplo el internacionalismo de Hugo Spadafora, que no intentaba transpolarizar situaciones ni ideologías, y que una semana después del triunfo de la revolución nicaragüense, ¡después de haber ofrecido su apoyo vital a la revolución!, celebra con nosotros el triunfo y una semana después abandona Nicaragua y se va con su gente a Panamá. ¡Ese era un internacionalista de verdad! En cambio, el internacionalismo marxista-leninista, limitado a traspolarizar energías y situaciones, se queda. Entonces, ésa es la crítica que yo le hago a la dirección: haberse regalado y haber traicionado los ideales de Sandino; haberse alineado a uno de los dos imperios, porque el antiimperialismo sandinista es el antiimperialismo de las dos vías...”

BP- **Explíqueme eso de las dos vías...**

EP- “Es muy sencillo: tan imperialista fue la invasión a Vietnam como lo es la de Afganistán. Y en el caso de la Unión Soviética, los casos son patéticos, con sus intervenciones en Polonia, en Checoslovaquia... Por eso yo odio el imperialismo, ese instrumento que utilizan las grandes potencias para pisotear la dignidad de las naciones. Y en mi odio al imperialismo, en el caso de Nicaragua, tengo mis herramientas: el ideario de Sandino. Una vez yo me pronuncié en un discurso en el Teatro Lux de Costa Rica, en 1978. A varios compañeros no les gustó... En ese discurso yo decía que era un deber sagrado de los sandinistas desarrollar el pensamiento de Sandino, y que para nuestra revolución no teníamos que inspirarnos en dogmas académicos o preconcebidos. De ahí que ellos digan que tengo un bajo nivel ideológico... No se dan de cuenta que eso me engrandece... Y es que ellos resienten que yo no me haya dedicado a luchar por el marxismo. Yo me pregunto: '¿Para qué el marxismo si tengo el sandinismo?' Yo tengo la herramienta nacida en las raíces de nuestro pueblo, el motivo de inspiración nacido en el fragor de la lucha sandinista".

BP- ¿Pueden los ideales tener fuerza suficiente en el futuro político de un país? Personalmente, creo que las armas tienen un gran peso en la historia de las revoluciones...

EP- "Los ideales son invencibles... Decía Torrijos que todavía no se ha inventado un misil que destruya un ideal. Y eso es cierto. Mientras exista el sandinismo, la revolución sandinista estará siempre en la mente de los nicaragüenses, por más CIA, por más KGB, por más Washington, por más Cuba que existan. Y mientras yo tenga un poco de fuerza, un hálito de vida, lucharé contra los traidores de la revolución sandinista, y contra todo el que intente destruir nuestra revolución".

BP- A usted lo acusan de incoherente...

EP- "Primero, averigüe bien quiénes me acusan. ¿Quiénes son? Los que están en los extremos. Porque cuando yo estoy frente a un extremista de derecha, ocupo posiciones de izquierda y cuando estoy con un extremista de izquierda, ocupo posiciones de derecha. Ante los extremos, yo soy un errático, incoherente, es imposible comprenderme. Pero estoy en el centro y seguiré en el centro porque estoy convencido de que es la mejor posición, la que más le conviene al pueblo".

BP- También se dice que Edén Pastora es un mal político pero un buen estratega militar. A veces usted está con botas y cartuchera en la montaña, otras, como un político en campaña, entrevistándose con los

jefes de estado latinoamericanos y europeos o recogiendo fondos para la causa. ¿Cuál es su verdadera imagen?

EP- "Siempre he sido el mismo. Jamás ha habido un cambio de imagen. Yo soy un político militar. Lo que ocurre es que la prensa internacional, los medios de información nacionales y el mismo pueblo siempre nota más lo sensacional, y en este caso es la posición militar, el coraje físico. No se detienen a pensar en el coraje intelectual, el de la inteligencia. En Nicaragua cuando hay un hombre muy inteligente, la gente dice: 'es un vivo'. En cambio, de un hombre con coraje dicen: 'es un valiente, un huevón', y a estos últimos son los que siguen los pueblos. Por ejemplo, nunca la prensa le ha dedicado el mismo despliegue, y en muchos casos ni siquiera ha analizado mi relación con otros países, con Panamá, con Venezuela, con Costa Rica. En momentos de la guerra sandinista yo fui quien manejó estas relaciones. ¿Quién fue el que manejó las relaciones de Panamá a nivel de Omar Torrijos? Fui yo. Omar Torrijos no conoció a ningún miembro de la Dirección Nacional a un nivel político, ideológico o humano como me conoció a mí. En el caso del expresidente Carazo, de Costa Rica, o del ministro Johnny Echavarría o del viceministro de seguridad nacional, Montealegre. ¿Quién fue el que manejó las relaciones con el gobierno de Costa Rica y viajaba a Venezuela a definir las situaciones de guerra con Somoza? ¿Quién era el que salía en la prensa, la radio y la televisión pidiendo democracia, libertad y justicia social? ¿Quién hablaba de derechos humanos y paz? Hasta dos meses antes del triunfo de la revolución, ¿quien conocía a Luis Carrión, a Jaime Huiloc o a Bayardo Arce? En cambio, a mí me conocían en varios países, pero no solamente por la acción de la toma del Palacio, sino también porque yo era el que hablaba de libertades, de democracia a nivel nacional e internacional. Cuando ya estaba todo formado, se lo pasé a la Dirección. Y, sin embargo, ellos ahora se esmeran en proyectar la imagen de Edén el guerrerista, de Edén el tira-tiros, el que ama la guerra por la guerra. ¿Y quiénes son ellos? Los que no hicieron la guerra, y tampoco la parte política. Porque ellos no participaron activamente en la guerra. ¿Dónde participó Sergio Ramírez? En cambio, yo sí hice la guerra, pero no solo sino a la cabeza de un pueblo, y la hice en todas las colinas de Nicaragua. Así que ¿quiénes dicen que yo soy Edén el guerrerista? Una oligarquía política que está en el poder, viviendo como los antiguas oligarcas económicos. ¡Da asco! Mientras están los guardias fronterizos desnudos y humildemente pidiendo un cigarrillo, o comiendo a medias, medio viviendo, ¡ellos se dan la gran vida! Igualito como ocurría en el somocismo..."

BP- **¿Cómo así?**

EP- "Muy sencillo. Sin haber trabajado en sus vidas, hicieron de la revolución un gran negocio... Por ejemplo, Tomás Borge se fue a vivir a la mansión de Luis Manuel DeBayle, símbolo del somocismo. Jaime Huiloc, a la de Mr. Spencer, dueño de las minas de oro. Bayardo Arce, a la mansión de Montealegre, el famoso banquero somocista. Tirado López, un hermano mexicano que pareció darnos su desinteresada mano de ayuda, ¡luego se quedó a vivir en la casa de un general de Somoza! Es una inmoralidad... ¿Qué cree que siente la gente del pueblo de Nicaragua cuando ve que quienes forjaron su revolución se quedaron viviendo en las casas del somocismo?"

BP- **¿Usted hizo alguna crítica?**

EP- "Por supuesto, desde un principio. Llegaron como lobos feroces disputándose las mansiones, los Mercedes Benz. A mí también me entregaron una casa con piscina, Mercedes Benz y todo lo que representan las mieles del poder. ¡Jodido, pues! Puede imaginarse lo que pensaba el pueblo de Nicaragua al ver que los héroes de su revolución habían llegado como bandidos dedicados al pillaje..."

BP- **¿De ahí sus críticas y su falta de respaldo a la revolución?**

EP- "No. Es que también el 19 de julio de 1979 empezó la traición más grande a la revolución. Yo quiero aclararle, primero que todo, que yo soy un revolucionario. Yo no ataco a la revolución. Francia, los Estados Unidos, han tenido su revolución. Solamente que ahora quieren olvidar que la tuvieron. De ahí que yo no entienda el término ese de 'contras' que nos dan en la prensa norteamericana. Yo quiero que quede muy claro que Edén Pastora no ataca la revolución sino la mala conducción de la revolución. Pero, volviendo al 19 de julio, ese día ellos perdieron la originalidad de no-alineados que nos mantuvo en la guerra y que nos ganó la simpatía de todo el mundo. Nos ayudaban los hermanos de Venezuela, Colombia, Panamá México, Cuba... ¡hasta la prensa norteamericana nos apoyaba! Sabían que la nuestra era una revolución justa y necesaria. Pero apenas se da el triunfo y se reúne la cumbre de países no-alineados en Cuba, y nosotros, que decíamos que no iríamos a alinearnos con nadie, que el Sandinismo es no alineamiento, que el sandinismo es anti-imperialista... ¡decidimos participar en esta reunión de los que se dicen no-alineados, y automáticamente nos alineamos! Por un lado no condenan la invasión a Afganistán y por el otro no reconocen a la nación más grande de la humanidad, a la China Continental, sólo porque no esta alineada con la Unión Soviética..."

BP- ¿Qué otras divergencias encontró en las nuevas estructuras del sandinismo?

EP- "Si se las enumero, no termino nunca... Ahora no hay prensa libre, las 39 emisoras de radio están censuradas o al servicio de la revolución y la televisión es manejada por el estado para difundir única y exclusivamente aquellas noticias que tiene interés en difundir. Salimos de un sistema de represión a otro de opresión totalitaria. ¿Por qué no se habla de elecciones democráticas abiertas a todas las corrientes políticas? ¿Por qué no hay participación de todos los grupos electorales? ¿Por qué no mencionan las torturas en la Seguridad del Estado? ¿Por qué no hablan de los campos de concentración para los indios misquitos, sumos y ramas? ¿Por qué no quieren que se sepa que en Nicaragua no hay leyes, y que a veces no esperan ni siete días para juzgar a un hombre y condenarlo? ¿Por qué no se compadecen de ese pueblo al que han involucrado en una guerra innecesaria? ¿Por qué no muestran sus mansiones, el lujo en que viven y no hablan de sus vacaciones en la playa? ¿Por qué retóricamente se mantienen en la ofensiva, pero no responden todas estas preguntas?"

BP- ¿Es decir que Nicaragua actualmente es un país dividido?

EP- "Totalmente. En su afán totalitario por crear un país de robots en el que todo el mundo esté de acuerdo con lo que ellos dicen, han dividido hasta la Iglesia. Por ejemplo, Tomás nunca ha sido un hombre religioso, espiritual.

Ahora lo tenemos diciendo que en Nicaragua solamente él puede decir cuando ocurre un milagro. ¡Imagínese! Un comandante militar que no sabe ni rezar, y viene ahora a dar su opinión sobre temas religiosos. Creo que Nicaragua es el único país de Occidente que cuenta con un comandante religioso, que cree que tiene que darle orientación a la Iglesia."

BP- ¿Cuál cree que debe ser el papel de la Iglesia en Nicaragua?

EP- "La Iglesia y el Estado deben estar separados. Sin embargo, yo creo que la Iglesia debe desempeñar un papel orientador, cuando se habla de opresor y oprimidos, debe ponerse del lado de los oprimidos. Opresor era el régimen de Somoza, y opresor es el régimen totalitario que se dice sandinista."

BP- ¿Por qué habla de un régimen totalitario?

EP- "Porque de eso se trata. ¿O cómo quiere que yo llame a un régimen totalitario en el que no hay libertad de expresión ni libertad de prensa? Todos esos ideales revolucionarios de la montaña, que tenían que ver con unos ideales de libertad y democracia, se quedaron en las Colinas de Managua, donde ahora ellos disfrutan de las mieles del poder."

BP- ¿A qué personajes políticos admira?

EP- A Torrijos y al Ché Guevara. A Torrijos, por su espíritu de entrega y sacrificio.

Lo conocí de cerca y me inspiró mucho. Independientemente de que yo esté o no de acuerdo con lo ideológico y sus métodos en Cuba, que hoy muestran una cara cruel que yo desconocía, admiro al Ché Guevara porque era un hombre íntegro. Fíjate que cuando el Ché habla de hacer un revolucionario, no te pide un marxista, no te pide un leninista. Te pide un hombre honesto. El Ché dice: 'Dame un hombre honesto y te entrego un revolucionario'. Era un hombre íntegro que no le tenía miedo a la verdad. Por eso cuando los soviéticos van a Cuba y piden playas privadas exclusivas, los manda a comer mierda y les dice '¿Ahora ustedes son los nuevos gringos?'. También le hace una crítica a la Unión Soviética en Argelia y tiene que mandar Cuba a un enviado especial para advertirle que le está montando la cascarina a la política de los soviéticos. ¡El Ché no tenía pelos en la lengua!: Por eso es que un día deja ministerios, deja poder, deja la gloria y la fama y se mete en una montaña suramericana a defender lo que él cree legítimo y verdadero. Equivocado o no, fue un hombre honesto, fiel a sus principios... Muy diferente de los miembros de la Dirección Nacional que, como nunca trabajaron, como nunca tuvieron que ganarse un bocado con el sudor de su frente, en cuanto triunfaron se fueron a vivir donde vivían aquellos a los que les hicimos la guerra. Pertenecen a un grupo de hombres que pasaron una vida clandestina, que pasaron luchando y siguieron clandestinos... porque ahora no bajan al barrio a hablar con la gente, a conocer la verdadera realidad de Nicaragua. Ahora viven en Las Colinas y por eso el pueblo tiene todo el derecho a pensar que hicimos la guerra por pura envidia, porque queríamos apropiarnos de lo que tenían ellos -los ricos- antes de la revolución".

BP- **¿Entonces qué pasó con los ideales revolucionarios?**

EP- "Se quedaron en Las Colinas. En lo personal, hubo una desviación moral, una traición a la revolución. Los revolucionarios nuestros llaman al pueblo a la austeridad y se van a meter a la fuerza en las mansiones de los ricos. Ellos, los dirigentes de un pueblo, de una revolución, traicionaron al pueblo hasta lo más elemental en su modo de vivir. Por eso cuando yo hablo de admirar a un político, hablo de la conducta personal del hombre antes que de su parte ideológica".

BP- **¿Cómo son las relaciones entre los comandantes.**

Se entienden bien?

EP- "No. Sus relaciones son muy difíciles. Lo único que los ha mantenido unidos es la amenaza imperialista. Si los gringos no hubieran representado una amenaza militar para ellos, ya se hubieran matado a balazos".

BP- **¿Por qué motivos?**

EP- "Por ambiciones de poder. Todos son muy ambiciosos".

BP- **¿Existen diferencias ideológicas entre ellos?**

EP- "Si existen, no las expresan, porque en Nicaragua no está permitido el pluralismo ideológico. Pero en el fondo todos están cortados por la misma tijera..."

BP- **¿Cuál es su orientación?**

EP- "La que ellos mismos han confesado. Lo dijo Tomás [Borge], lo dijo Humberto [Ortega], lo dijo Daniel [Ortega]: Que son marxistas leninistas.

BP- **Son nueve... ¿Por qué usted no es el número diez?**

EP- "Tal vez porque yo no lo era... La verdad es que yo pensaba que ellos eran marxistas, científicos del marxismo, pensé que dominaban la materia, pero me equivoqué. Si fueran marxistas leninistas conocedores de sus principios, se habrían dado cuenta de que en Nicaragua no se podía hacer una revolución al estilo marxista leninista. Por su inmadurez política se dejaron arrastrar por el entusiasmo, por un membrete doctrinario, y quisieron aplicar el marxismo leninismo donde no existía la situación social más elemental para que se diera. El marxismo leninismo se puede aplicar donde hay una gran clase trabajadora obrera. Y para que haya una clase trabajadora obrera mayoritaria, es necesario que el país tenga una estructura consolidada. Ellos han querido hacer un marxismo doctrinario, dogmático en un pueblo eminentemente agrícola. Entonces había que cambiarlo todo para aplicar las leyes del marxismo dentro de estas condiciones. No se puede hacer en Nicaragua un marxismo leninismo al estilo soviético".

BP- **¿Cuál considera que hubiese sido el tipo de gobierno
más adecuado para Nicaragua?**

EP- "Un gobierno pluralista, de elecciones libres, de libertad de prensa, e independiente de los dos grandes. Económicamente necesitábamos un gobierno de economía mixta. Ahora, en lo político, están desviando la tradición y la historia de Nicaragua; le están haciendo creer a la juventud que Sandino era comunista y están mandando a nuestros jóvenes, a nuestros niños, a morir en las montañas en una guerra absurda que fue muy acertadamente bautizada por la periodista Jeannine Camps (Agencia Española de Noticias, EFE) como "La guerra de los espejos". ¡Fíjate que nombre bonito para algo triste! Hermanos que se matan el uno al otro y que a cada lado del espejo gritan las mismas consignas. Esto pasa aquí en el sur. Un lado del espejo grita "Viva Sandino" y el otro también grita "Viva Sandino". Llevan la misma bandera roja y negra, vuelven a gritar "Poder popular"... ¿Cómo no darnos cuenta de que estamos luchando la Guerra de los Espejos? ¡Tan linda que era nuestra revolución, y ellos la traicionaron! No se dan cuenta de que no se puede engañar a un pueblo con consignas, tampoco se puede alimentar a un pueblo hambriento llevándolo a gritar consignas por las calles. Es triste ver que el pueblo nicaragüense luchó contra Somoza buscando unos ideales de libertad y democracia, y hasta el momento eso no existe en Nicaragua".

BP- ¿Por qué se lanzó usted a luchar esa Guerra de los Espejos ?

EP- "Porque después de dos años de estar luchando cívicamente y casi un año en el exilio, llegue al doloroso convencimiento de que no quedaba otra alternativa que la de regresar a la lucha armada".

BP- ¿No cree que algunos de los miembros de la Dirección Nacional de Nicaragua quisieran retroceder, volver a trazar los lineamientos de su revolución?

EP- "Por supuesto. Sin embargo, también tienen que haberse dado cuenta de que es prácticamente imposible que rectifiquen. La historia lo demuestra: no pudieron rectificar los comunistas de Hungría, ni pudieron rectificar los comunistas de Polonia o Checoslovaquia porque tarde se dieron cuenta de que el comunismo no es un camino de dos vías".

BP- ¿Existen diferencias entre los principios ideológicos que existen en las esferas del poder en Cuba y Nicaragua?

EP- "Los principios son básicamente los mismos, la moral revolucionaria no. Los cubanos son más honestos consigo mismos porque al menos algunos hablan de austeridad, le piden al pueblo sacrificio, pero no se dan una vida lujosa, son austeros. Yo sé cómo vive Piñeiro en Cuba, o el Ministro del Interior, Ramiro Valdés, revolucionarios que pelearon de verdad y que viven en una forma relativamente modesta. En cambio, los revolucionarios nuestros, de Nicaragua, llaman al pueblo a la austeridad y se van a vivir a las mansiones de los ricos".

BP- Sin embargo, la revolución defiende sus conquistas en el campo de la educación...

EP- "Es cierto, se empezó con una campaña de alfabetización que era la conquista más bella para el pueblo de Nicaragua. Sin embargo, cualquiera que sepa un poco de alfabetización para adultos, conoce la importancia de que la persona siga leyendo para que no pierda la práctica. Para un adulto que aprende a leer, ejercitarse leyendo es tan importante como para un atleta su rutina de ejercicios. Pero, ¿qué pasa? Que la única lectura que le dan tiene que ver con doctrinas marxistas. Poco a poco fueron dejando de leer lo que les querían imponer que leyeran, y muchos regresaron al analfabetismo por falta de entrenamiento en la lectura. De eso no hablan ellos, los que están en el poder. De eso no hablan Tomás [Borge], ni Humberto [Ortega]. No cuentan que su campaña de alfabetización fue un fracaso. Yo me pregunto: ¿Por qué no hablan de la libertad de prensa? ¿Por qué no hablan de su campaña contra la Iglesia? ¿Por qué no hablan de sus insultos al Papa? ¿Por qué no hablan de ese pueblo hambriento, descalzo y sin medicinas? ¿Por qué no hablan de las torturas en la Seguridad del Estado? ¿Por qué no hablan de los campos de concentración para los indios misquitos? ¿Por qué no hablan de esa política infame que busca el exterminio de la raza de los misquitos, sumos y ramas? ¿Por qué no hablan de esos indígenas que salieron como abejas de un panal bajo el fuego, y que 15,000 buscaron refugio en Honduras y 3,000 en Costa Rica? ¿Por qué no hablan de ese pueblo nicaragüense que desde que se levanta hasta que se acuesta es un pueblo desesperado y triste? ¿Por qué no dicen que en Nicaragua bastan siete días para juzgar y condenar a un hombre? ¿Por qué no le cuentan al mundo que en Nicaragua no hay leyes que regulen el país? ¿Por qué cuando hablan solamente lo hacen en una retórica dirigida al pueblo norteamericano, bueno e ingenuo como todos los pueblos del mundo, que no conoce lo que ocurre en Nicaragua porque cuando sus periodistas llegan a Managua tienen que explicar detalladamente lo que quieren hacer en una oficina de prensa de la nueva dictadura? ¡Ay! Si el pueblo de Nicaragua no tuviera tanto miedo de hablar! Yo les pregunto a los periodistas norteamericanos si alguna vez han intentado conseguir un reportaje honesto y sincero de un ciudadano que vive en un país dominado por el comunismo internacional. ¡Hermanos! El miedo es una fea palabra, pero cuando el gobierno controla la totalidad de la vida de sus ciudadanos, el miedo forma parte de la vida diaria".

BP- **¿No controlaba Somoza la vida diaria de sus ciudadanos?**

- "Era distinto...Somoza era un dictador sangriento, pero aceptaba dentro de sus cuadros una moderada disidencia. Es diferente... Nosotros en Nicaragua pasamos de una dictadura familiar dinástica a una dictadura colectiva totalitaria. Es algo parecido al libro aquel de "La granja revuelta" del escritor George Orwell. La verdad es que ese hombre era un profeta de lo que sucedería en Nicaragua".

BP- Lleva más de un cuarto de siglo luchando... ¿Por qué no espera a ver qué ocurre en Nicaragua y se dedica a una vida más tranquila?

EP- "Porque mi pueblo no combatió para cambiar de amo. Nosotros luchamos para liberarnos del imperialismo de los Estados Unidos que apoyaba a Somoza, y ahora resulta que caímos en manos de un país ajeno a nuestra geografía, que no nos dio ni un fusil ni un rublo para el triunfo de nuestra revolución. ¡Qué vivos los rusos! Llegaron a la hora de los postres y se comieron la tarta entera".

BP- ¿A quién odia más, a Somoza o a los miembros de la Dirección?

EP- "No diría que odio al uno o los otros por lo que son, sino por lo que representan. Mentiría si dijera que no odié a Somoza o que no odio a Tomás Borge o a Humberto Ortega. Odio el mal, y ellos son el mal. Antes el mal estaba representado por Somoza, y ahora lo está por los dictadores de la Dirección".

3

Mi legado: Que sean libres

Edén Pastora nació el 22 de enero de 1937 en Ciudad Darío, Nicaragua. Sus padres eran Pánfilo Pastora y Elsie Gómez, comerciantes campesinos, de clase media rural y costumbres muy conservadoras, hasta el extremo de que el líder sandinista creció pensando que Sandino era un bandolero.

Se crió con cinco hermanos, cuatro hombres y una mujer: Félix Pedro, Bayardo (fallecido en un accidente de aviación), Arnaldo, Exis y Pánfilo. Edén era el menor de todos y el favorito de la familia. Jamás conocieron una nevera, un equipo de sonido ni un televisor. No había electricidad, pero si hubiese existido tampoco habrían podido costearse estos lujos.

Hasta antes de morir su padre, la familia vivía del producto de una pequeña finca que tenían. Después se mudaron al pueblo para poder educar a los muchachos. Ciudad Darío era una pequeña población enclavada dentro de la sociología rural de la América Latina; un pueblo que carecía de electricidad, telégrafo y pavimento en las calles.

Sin embargo, Edén Pastora declara: "Yo era feliz. Lo fui hasta una tarde en que esa calma fue interrumpida por el asesinato de mi padre. Lo mandó matar el general Camilo González, somocista y miembro del Estado Mayor de la Guardia Nacional. Yo tenía siete años y a partir de entonces mi niñez no fue la misma".

A pesar de su tierna edad cuando ocurrió la tragedia, jamás ha podido olvidar ese episodio: "Estábamos almorzando cuando mi madre recibió un telegrama. Lo abrió y empezó a lamentarse diciendo: 'Han asesinado a Pánfilo'. Toda la familia rompió a llorar desconsoladamente y yo, conmovido, terminé imitándolos. Pero no sabía qué quería decir la palabra 'asesinar', y se lo pregunté a mi hermana. Ella me tomó aparte de la mano y me explicó lo que pasaba. Solamente un huérfano como lo fui yo puede saber lo terrible que es tener apenas siete años y haber perdido a su padre".

Su vida y sus ideales cambiarían a partir de su ingreso a la escuela secundaria. "A medida que se fue desgranando la mazorca, y se fueron casando y yendo los hijos del hogar, mi madre concentró todos sus esfuerzos en mi. Cometió el error de mandarme a estudiar al colegio más caro de Nicaragua, el Colegio Centroamérica. Digo error porque estaba desubicado, era un muchacho pobre y pueblerino dentro de la clase más poderosa de Nicaragua. Allí muchas veces tuve que sufrir bromas pesadas porque algunos se burlaban de mis limitaciones económicas y del roce social que resultan de tener una clase alta, una posición destacada. Existía un abismo inmenso entre la escuela pública de Matagalpa, donde terminé mi primaria y el colegio de la burguesía, que era de los jesuitas. En ese sentido fue un acierto de mi madre. Porque los jesuitas te enseñan a ser grande. O eres un gran gangster, o un gran médico, o un gran ladrón, o un gran militar, o un gran político. Ellos te meten en la cabeza que tienes que ser grande. Ellos me dieron una educación liberal, de avanzada, y decidí estudiar medicina para ser un gran médico. Pero yo ya había escuchado al cura Guardia, panameño, que hablaba de Sandino como un gran patriota. Empecé a sentir que la razón de mi vida estaba dentro del sandinismo y sin haber terminado mis estudios de secundaria, pero con el sandinismo pegado a la cabeza y en el alma, llegué a México".

En la Universidad de Guadalajara entró en contacto con los clásicos de la revolución mexicana. Empezó a estudiar la vida de Pancho villa, Emiliano Zapata y otros patriotas. "Realmente fue en México donde empecé mis primeros trabajos político-organizativos. en el 57 y 58. En el año 59 me trasladé a Honduras para incorporarme a un movimiento guerrillero revolucionario, el Frente Revolucionario Sandino que tuvo mucha actividad revolucionaria, guerrillera, en los años 59, 60 y 61. En el 62 empecé a vincularme al FSLN (Frente Sandinista de Liberación Nacional). Es decir, que desde que conocí a Sandino, mi vida cambió de rumbo".

"En seis años de estudio, apenas pude llegar al tercer año de medicina porque me volaba para la montaña. Mi madre me escribía cada semana pidiéndome que me dedicara al estudio. Pero yo seguía así, de la guerrilla al estudio, aprobaba un año, y otra vez para la montaña. Un día la vieja se cansó y me dijo: 'Vos sois un irredento, me tenés quebrada. Ya no tengo más dinero, quédate con tu guerrilla'. Fue así, con gran alivio que me pude dedicar por completo a la lucha y me marché del todo a Honduras".

La realidad de las cruentas batallas libradas por el Frente Revolucionario Sandino está a la vista en cifras. Del primer grupo, en 1979 apenas quedaban vivos cinco combatientes de los cuales cuatro se habían retirado ya cansados y desilusionados, "yo llegué hasta el final, hasta el 79".

De no haber sido revolucionario, Edén Pastora habría sido médico o sacerdote. La primera carrera la dejó después de tres años intermitentes entre el estudio y sus ideales políticos. "También quise ser sacerdote. Cuando joven yo admiraba aquellas personas que luchaban contra el mal: contra la prostitución, contra los abusos, contra el vicio. Yo conocí varios sacerdotes que se expresaron contra la explotación, contra el hambre, contra la injusticia social. Creí pues que desde el púlpito se podía librar la batalla contra el mal. El único problema que yo encontraba en el sacerdocio era el celibato. Creo que eso no es natural en el hombre. Yo no creo que Cristo haya sido partidario del celibato, porque El murió muy joven, entre los árabes una persona de 33 años es más joven que en occidente. Es más fácil en esa forma mantenerse soltero. Otra de las razones de mi vocación sacerdotal tenia que ver con Cristo en sí. Lo veía como un gran revolucionario, como un hombre que luchó contra el mal, contra la injusticia, un hombre de extracción muy humilde pero que manejó una línea insurreccional como los terceristas. Era un hombre que hablaba con los ricos, con los pobres, que estaba contra la injusticia, era antiimperialista y como tal estaba en contra del Imperio Romano. Cuando predicaba hablaba de justicia, de fraternidad, de amor. Vino y sus palabras ayudaron a combatir el mal, y todavía su lucha sigue siendo actual, justa y actualizada. Sus ideas, su vida y sus palabras siguen siendo un faro que orienta a todos los hombres justos".

BP- ¿Desde qué edad soñó con ser sacerdote?

EP- "Creo que desde que asesinaron a mi padre los somocistas, un general de Somoza, Camilo González, mando asesinar al padre mío... Yo tenía siete años y desde esa temprana edad creí que el púlpito, donde yo veía a los curas luchando contra el mal, podía hacerlo desde allí, denunciar todas las injusticias... Más tarde vi que el sacerdote tenía grandes facilidades de hacer conciencia desde el púlpito con su sotana y con todo el prestigio de sacerdote, y yo creo que hubiera rendido bastante como un cura guerrillero, un comandante guerrillero de cura con el adoquín en la sotana. Creo que hubiese hecho bastante conciencia... Por lo menos, dentro de la iglesia, dentro de los curas que hoy se llaman revolucionarios yo hubiera hecho un buen papel".

BP- ¿**En qué sentido?**

EP- "Orientando a los dirigentes para que no se dejaran marear por las mieles del poder. Haciéndoles ver los errores de la conducción revolucionaria y muchas cosas que hay que aclarar ahí y que estamos aclarando".

BP- ¿**Entonces por qué no se hizo sacerdote?**

EP- "No era la clase de vida que yo hubiera podido llevar... Habría sido imposible para mí mantener el celibato".

BP- ¿**Está la Iglesia de Nicaragua consciente del problema?**

EP- "Claro que lo está y por eso es que la Dirección Nacional no permite que se publiquen en los periódicos documentos como la Carta del Papa a los Obispos de Nicaragua... Por eso no solamente censuran a la Iglesia, ¡sino hasta al Papa! A mí me parece que la Iglesia no solamente está consciente, sino también preocupada por los problemas que ve en Nicaragua".

BP- ¿**Se puede hacer mucho desde el púlpito?**

EP- "Es que no es solo el púlpito... ¡Se necesitan las hormonas! Se necesitan otras cosas, no es sólo el pulpito..."

BP- ¿**Se ataca actualmente a la Iglesia Católica en Nicaragua?**

EP- "A la Iglesia Católica y otras iglesias como la Bautista..."

BP- ¿**Es usted muy creyente?**

EP- "Sí, pero tengo una concepción de Dios muy particular. No me lo imagino con infiernos, garrotes, cuartos de torturas con llamas. No creo en el infierno, ni en limbos ni purgatorios, tal vez por eso que tengo de rebelarme a todo lo que es malo. En cambio, para mí Dios es esa fuerza, ese ser superior con base fundamental en el amor y que quiere que todos los hombres seamos justos. El infierno creo que está aquí, tanto mal que vemos no es otra cosa que un infierno. Y el que mal hace, mal recibe".

BP- ¿Qué momento de su vida fue definitivo en su formación?

EP- "Indudablemente, el asesinato de mi padre. Por eso resulta incongruente que constantemente yo esté recibiendo presiones para que no critique a la Guardia Nacional, o que apoye algunos movimientos formados por antiguos somocistas. Desde niño he odiado la Guardia Somocista, los he combatido desde hace más de 20 años, vi como podían matar a mi padre impunemente y como explotaban a tantos inocentes nicaragüenses. Otra cosa que influyó enormemente en mí fue el impacto emocional que recibí a los 8 ó 9 años al ver la represión hacia mi pueblo cuando el movimiento de la mina de La India. Recuerdo que yo estaba jugando en la puerta de mi casa cuando pasaron frente a mí llevando prisionero al barbero, que vivía en la esquina. No había terminado de jugar cuando pasó otra vez muerto, lo traían en una tijereta. Todavía me parece ver y oír el luto, el espanto, el terror de mi pueblo. Ese momento desfiló por mi memoria muchas veces, siendo un niño. Lo revivía muchas veces antes de quedarme dormido. Pero esa misma pesadilla fue creándome esa formación tan arraigada que tengo en la conciencia de que el imperialismo uno de los primeros males de Nicaragua. Lo fue en el pasado, y lo continúa siendo ahora".

BP- ¿Y de sus experiencias de niño, ¿cuáles son las más gratas en su memoria?

EP- "Son muchísimas... Pero creo que uno de los momentos más felices fue cuando pesqué una mojarrita, a los nueve años. Era el primer pez que pescaba en mi vida y pasé varias semanas pensando en la mojarrita aquella. También recuerdo el primer venado que cacé y un tiburón enorme, de siete metros, que atrapé en La Barra. Me costó tres horas sacarlo y al final estaba dichoso pero agotado. No sé por qué todo esto tiene que ver con la felicidad del momento que pesqué aquella mojarrita".

BP- ¿Cuáles han sido los años más felices de su vida?

EP- "Los años que viví en la Barra del Colorado. Allí viví un tiempo después de que agarré la lepra de la montaña... Me dediqué a pescar, a llevar una vida tranquila. Fui tan inmensamente feliz allí que si algún día puedo regresar a vivir en paz, me quedaré allí".

BP- **¿A qué edad se casó por primera vez?**

EP- "A los 21 años. Acababa de salir de la guerrilla, pero perdí esa mujer y me volví a casar. Caí preso, ella no quiso esperarme... y me casé de nuevo. Mi último matrimonio fue con Yolanda Torres, la compañera que está conmigo desde hace 19 años. Mi primera mujer fue mexicana, la segunda, hondureña, la tercera, nicaragüense y la cuarta esposa es Yolanda, una india rama que me acompaña desde los 1960s, que me ha sabido comprender y me ha aguantado todo este tiempo. A ella le debo mi estabilidad emocional y la crianza de mis hijos".

BP- **¿Cuántos hijos tiene?**

EP- "Ocho hijos".

BP- **Siempre he oído decir que usted tiene cerca de 20 hijos...**

EP- "Lo que pasa es que cuando alguien se escandaliza, decido hablar de diez, 17 ó 20. ¡Como yo tengo fama de mujeriego me lo creen! Pero la verdad es que no tengo sino ocho hijos "controlados". Por eso no son más que ocho..."

BP- **¿Sus matrimonios han terminado por decisión suya?**

EP- Se ríe, se toca la barbilla y sus ojos brillan con picardía. "A mí me dejan hasta las mujeres... Yo creo que las mujeres prefieren un hombre "normal", que tenga un empleo fijo, que les dedique tiempo, que pueda criar a los hijos. Solamente una mujer como Yolanda puede haberme durado tantos años. La primera mujer que me dejó, que era la mexicana, me dijo que yo tenía complejo de perseguido. Aseguraba que yo siempre estaba haciendo cosas para que me persiguieran y así sentirme perseguido. La segunda, no se sentía a gusto casada con un hombre que estaba preso, y me dijo que se quería casar con un hombre normal. Yo le dije a ellas 'Bueno, es tu decisión, sigue tu camino, a mí déjame en paz. ¿Para que nos vamos a faltar el respeto si no nos entendemos?' Así terminó todo, y quedamos buenos amigos. Yo me entiendo muy bien con ambas, y quiero mucho a las hijas que tuve con ellas".

BP- Dicen de usted que es muy mujeriego... que le gustan mucho las mujeres.

EP- "Bueno, me gustan... ¡Como a todo hombre! ¿Verdad? Lo que pasa es que me han llenado de esa aureola, me han dado ese membrete porque yo he tenido en mi vida tres esposas y una compañera, que he ido perdiendo como consecuencia de las privaciones, de las dificultades de esta vida de lucha. A eso hay que agregarle que tengo fama de ser muy valiente por las acciones de Palacio y del Frente Sur, y la gente se imagina que un hombre valiente, que ha tenido tres esposas en su vida, y que se identifica en la mente popular con el guerrero, el hombre que admiran las mujeres, entonces dan por hecho que yo soy un 'mujerero' (sic). Sin embargo nadie puede decir que conoce tal o cual movida de Edén, o tal o cual amante de Edén. No lo pueden decir. Pueden decir que yo he tenido cuatro compañeras, públicamente, que las he llevado a mi casa y ante mi pueblo he dicho Ésta es mi compañera y vivo con ella'. No lo oculto. Tal vez esa haya sido una de las características mías, la franqueza, la sinceridad, hacer las cosas a los ojos de todo el mundo".

BP- En el curso de su lucha revolucionaria, usted estuvo separado de su esposa durante seis años, ¿no?

EP- "No. No lo estuve. Porque aunque físicamente no estábamos juntos, no teníamos contacto alguno, espiritualmente estábamos muy unidos".

BP- ¡Pero seis años sin una mujer!

EP- "Bueno, es bastante. Esa es una de las cosas más difíciles... Es una de las privaciones más difíciles. Yo he pasado hasta tres años sin hacer el amor en la montaña..."

BP- ¿Es cierto eso?

EP- "Claro, es cierto. No tengo por qué mentirle. Una vez pasé tres años, otra vez dos años, otra vez pasé año y medio. Es difícil. Por supuesto que en la vida del guerrillero, la mujer no hace tanta falta como en la del hombre que lleva una vida normal... El agotamiento físico llega a tal extremo, la tensión nerviosa se mantiene a tal extremo, las mil privaciones, el cansancio, en fin, la situación personal es tan difícil que uno piensa en como sobrevivir y no en como hacer..."

BP- **¿Qué es el amor para un guerrillero?**

EP- "El amor para un guerrillero es lo más sublime. Es la expresión del alma. Casualmente el revolucionario guerrillero o el guerrillero revolucionario están en esa vida de sacrificio por amor, por amor a su pueblo, por amor a la libertad. El guerrillero es una persona que siente intensamente, que ama a su compañera, a sus hijos. Yo he visto a hombres rudos de la guerra muy tiernos con su compañera y sus hijos. Los he visto llorar como niños. Tal vez por eso es tan duro cuando se sienten traicionados por el amor por su compañera, por su hembra. El guerrillero es un hombre que tiene alma, que siente... Está allí, en la guerrilla, porque siente una porción de cosas que son expresiones del alma como son el amor a su pueblo, a su patria. Para mí el amor es lo más bello. El amor a una hembra, a una mujer. El acto más bello de la vida, para mí, el más sublime, es el acto de amor. No puedo hacer el acto del amor sin amor. Es asqueroso, no sé, me parece sucio. Las veces que yo lo he hecho me he sentido apenado conmigo mismo. No sé, me siento insatisfecho en una situación así... Mientras que cuando lo he hecho con amor, me siento el dios del universo, me siento inmensamente feliz, y más cuando estoy consciente de que la he hecho feliz a ella. Es divina la vida cuando se siente amor. Yo no me explico como hay algunos egoístas que no aman, y sólo se aman ellos mismos. Tiene que estar loco un hombre para ser egoísta. Tiene que ser un anormal... El guerrillero ama a su hembra, a sus hijos, pero está consciente de que tiene que sacrificar a su mujer en aras de que los hijos suyos y los niños de su país tengan una vida mejor".

BP- **¿Alguno de sus hijos está vinculado a la guerrilla?**

EP- "Sí. El mayor de ellos ya ha estado en acción, ha empuñado el fusil y ha sabido del paludismo y todo lo que implica vivir en la montaña. También las tres hijas mayores están entrenadas y saben manejar armas. Si tengo que hacer lo del Cid, hago lo del Cid: me llevo a toda mi familia a pelear".

BP- **¿No le ha pasado a usted que de pronto se ha dado cuenta de que jamás vio crecer a sus hijos?**

EP- "Sí, pero eso puede ocurrirle a una persona en muchas situaciones de su vida. También le puede ocurrir este fenómeno a un hombre de negocios o a un cantante. Sin embargo, en el caso del guerrillero, del revolucionario, lo primero que pierde es la familia y lo último que pierde es la vida. Por un lado está su amor a los suyos, a su familia, pero se interpone en el camino una porción de cosas que tiene que dejar en su ideal de encontrar justicia y libertad. En ese proceso pierde propiedades, su casa, su trabajo, su tranquilidad, la privacidad y muchas cosas importantes en la vida. Se pierde hasta el derecho a una cama y a una comida normal. Pero la libertad, la justicia y el amor valen más que todas esas cosas".

BP- **¿Cómo puede equilibrar su posición de guerrillero y su situación familiar?**

EP- "No es fácil. De vez en cuando duermo en mi casa, aunque casi nunca duermo más de dos noches en el mismo lugar... Tengo que estar seguro... Yo sé lo que me viene encima. Fíjate lo que pasó en 'La Penca'. Nunca se sabe cuando algo puede pasar y ¡paaaaf! (agita vigorosamente las manos y palmotea simulando una explosión) Yo tengo algo más que el poder de la Dirección Nacional en mi contra. También me persiguen los derechistas, los partidos comunistas de todo el mundo, que en cualquier momento obedecen una petición de la Dirección Nacional y deciden hacer algo más que escribir en las paredes de San José "Fuera Cero". En este caso no estoy hablando de Sandinistas, sino de gentes que están dentro del comunismo internacional y quieren mi muerte. Luchar contra el Frente Sandinista es luchar contra el poder soviético y todos los agentes que tienen en el mundo. Pero también, en la derecha, en países que se supone que aman la libertad y la democracia, resulta que Edén es un estorbo, una molestia que se interpone en su camino, y entonces en cualquier momento deciden salir del obstáculo. Es difícil... Yo se lo digo a todo el mundo: estar en el centro es la posición más difícil".

BP- **¿No extraña el calor del hogar, de una mujer?**

EP- "Por supuesto, pero eso lo compenso y así lo puedo soportar. Todo es fácil de sobrellevar cuando se tiene en la conciencia el bien del pueblo y de la patria. Cuando se piensa en éstas cosas, y se convierten en el ideal más alto, se lucha por estos ideales a cualquier costo, y si se tiene que sacrificar la vida por alcanzar estos ideales, hay que entregarla".

BP- **Al morir, ¿qué espera dejarle a sus hijos?**

EP- "Lo mismo que la mayor parte de los padres que viven en países oprimidos como Nicaragua sueñan con dejarles a sus hijos: una patria libre. Deseo que tengan una patria distinta a la que me dejó mi padre. Yo espero que mis hijos puedan crecer en una patria suya, sin imperialismos, sin opresión, sin dictaduras. Una patria en la que no tengan que luchar, morir o matar para ser libres.

4

La leyenda, el hombre y el fusil

El 22 de agosto de 1978 las guerrillas sandinistas se tomaron el Palacio Nacional de Nicaragua. Era la 1 p.m. y a los pocos minutos el grupo rebelde se había hecho cargo de la situación manteniendo como rehenes a 55 miembros del Congreso. Al frente de los revolucionarios estaba un hombre dominante e inflexible, decidido a todo con tal de salirse con la suya. Pedía dinero y la excarcelación de algunos de sus compañeros de armas. "Si no lo hacen, empezaremos a matarlos uno a uno, principiando por los parientes de la familia Somoza", anunció con voz decidida cuando vio que sus exigencias no se cumplían. Media hora después del ultimátum Somoza cedía frente a este personaje intransigente que se había identificado antes como "Comandante Cero".

Fueron 45 horas de intensa presión sicológica para todos. El grupo de 25 rebeldes tenía una organización perfecta y se llamaban unos a otros por un número asignado de cero a veinticuatro. "Cero" era el "malo" de la película. El que mandaba, disparaba ocasionalmente hacia el techo y movía amenazadoramente su ametralladora. Además, no dejaba de decir malas palabras y aterrorizar a los rehenes. Por su parte, Dora María Téllez, "Comandante Dos", también captó la atención mundial por su delicada silueta femenina y su autocontrol, siempre tratando de calmar a todo el mundo, especialmente a "Cero".

Al día siguiente ya todos parecían exhaustos, con excepción de "Cero". "Dos" sentía que no podía dominar el sueño que la iba venciendo minuto a minuto. Fue entonces cuando "Cero" decidió dar el ultimátum. A la mañana siguiente salía de Managua en un avión hacia Panamá, llevándose consigo a 59 rehenes -entre ellos, Tomás Borge- y $500.000 dólares en efectivo.

También viajaban con él todos sus hombres. A partir de ese momento Edén Pastora se convirtió en el héroe de Nicaragua adquiriendo además fama internacional.

¿Estaba el "Comandante Cero" dispuesto a matar a sus rehenes si el tiempo se hubiese agotado? Edén Pastora asegura que sí. No había elaborado un plan de emergencia ante la posibilidad de demoras o negativas. "O cumplían o empezaba a disparar", asegura el líder nicaragüense.

¿Cómo había planeado Edén Pastora esta acción militar tan perfecta a la que le habían dado el nombre de "Operación Chanchera"? La idea llevaba ocho años dando vueltas en su imaginación, desde una noche de 1970 en las que se escondía, exhausto y hambriento, en una casa de León. Lo acompañaban tres compañeros de lucha y llevaban varios días sin comer -tres ó cuatro-. Se sentía desesperado, asediado y sin posibilidades económicas para seguir. Esa noche de 1970, después de haberse tomado una taza de café cerrero, se acostó a dormir Sin embargo, no lo dejaba dormir la cafeína. Daba vueltas en la cama, y seguía sin poder conciliar el sueño. No sabe si fue la cafeína la que excitó su imaginación, o se trataba de un delirio. Pero de pronto, se le ocurrió la idea de tomarse el Palacio Nacional de Nicaragua con todos sus ocupantes.

Al día siguiente, a las 5 a.m. comentó ésta idea con sus compañeros de armas. Le dijeron que estaba delirando. Pero Edén Pastora hablaba en serio y seguía empeñado en llevar a cabo ésta aventura militar. Sin embargo, cada vez que comentaba su idea con los dirigentes sandinistas, éstos la rechazaban como una locura imposible de realizar ¿Acaso no sabía Edén que el Palacio Nacional estaba fuertemente custodiado? Su proyecto era un acto suicida que no era viable...

No fue hasta 1978, en que la necesidad económica llegó a un extremo tan apremiante que los dirigentes sandinistas decidieron aprobar 'la locura de Edén'. Ingresaron vestidos con los uniformes de la Guardia Nacional con el santo y seña de que estaban preparando la visita de 'El Jefe' -Somoza- a Palacio. Su camuflaje era tan perfecto que prácticamente les franquearon la entrada. Seis guardias "verdaderos" murieron en la refriega inicial. Dos minutos y medio después ya tenía un control absoluto del gigantesco recinto.

Al final de la odisea todos parecían exhaustos, con excepción de "Cero". "Dos" sentía que no podía dominar mas el sueño, que la iba venciendo minuto a minuto. Fue entonces cuando "Cero" decidió dar el ultimátum. A la mañana siguiente salía triunfante de Managua en un avión hacia Panamá, llevándose consigo a 59 presos políticos sandinistas liberados mediante las negociaciones -entre ellos, a Tomás Borge- y $500.00O dólares en efectivo. También viajaban con él sus 24 compañeros de aventura. En el momento de despegar el avión del aeropuerto de Managua, Edén Pastora ya se había convertido en el héroe nacional de Nicaragua, con proyección internacional.

¿Estaba el "Comandante Cero" dispuesto a matar a sus rehenes si las exigencias no se hubiesen cumplido en el tiempo pactado? Edén Pastora asegura que sí. La situación del Frente Sandinista era desesperada y jamás se le había ocurrido una posibilidad diferente a la de que Somoza accediera a sus exigencias. "O cumplían, o empezaba a disparar", asegura el líder nicaragüense.

¿Cómo había planeado Edén Pastora esta acción militar, que se realizó minuto a minuto con una exactitud milimétrica? La idea de lo que llamó desde un comienzo "Operación chanchera" llevaba dándole vueltas en su imaginación desde una noche de 1970 en que se escondía, exhausto y hambriento en una casa de León. Lo acompañaban tres compañeros de lucha tan desesperados como él. Llevaban tres o cuatro días sin comer, estaban asediados por los somocistas y no tenían posibilidades económicas de continuar. Esa noche húmeda y calurosa de 1970, después de haberse tomando una taza de café cerrero, se acostó a dormir en una hamaca. Sin embargo, no lo dejaba dormir la cafeína. Nunca sabrá si fue la cafeína la que excitó su imaginación o la idea le vino a la cabeza como consecuencia de un delirio. Pero de pronto, en el desvelo, se le ocurrió la idea de tomarse el Palacio Nacional de Nicaragua.

Al día siguiente, a las 5 a.m. comentó esta idea con sus compañeros de armas. Le dijeron: "Tomaste mucho café. Estas delirando", Pero Edén hablaba en serio y, año tras año, seguía empeñado en realizar esta arriesgada aventura militar. Sin embargo, su idea no fue tomada en serio por los altos mandos del Frente Sandinista sino hasta después de que un grupo guerrillero del M-19 de Colombia se tomó la embajada de la República Dominicana en Bogotá, manteniendo como rehenes a la mayoría de los embajadores acreditados en el país, incluyendo al de los Estados Unidos.

Por fin, en 1978 la situación económica del Frente Sandinista llegó a un extremo tan apremiante que los dirigentes sandinistas decidieron aprobar "la locura de Edén". Ingresaron al Palacio Nacional de Nicaragua utilizando como camuflaje los uniformes de la Guardia Nacional y el santo y seña de estar preparando la visita de 'El Jefe' -Somoza- al recinto oficial. Prácticamente les franquearon la entrada. Dos minutos y medio después de iniciada la operación militar consiguieron un control absoluto del recinto. El saldo de la refriega inicial no había sido mas que de seis guardias "legítimos" muertos.

Después de horas de angustiosa incertidumbre, los sandinistas salieron invictos hacia Panamá donde los esperaba un viejo amigo y compañero de armas de Edén: Hugo Spadafora. La prensa internacional destacó a nivel mundial su llegada al aeropuerto de Paitilla, descendiendo del avión con los brazos extendidos y el signo V de victoria formado por sus dedos. Era la imagen heroica de quien se oponía al dictador, y estaba convencido de derrotarlo.

Si bien al proclamar el triunfo de la revolución, el 19 de julio de 1979, Edén Pastora no fue escogido por la plana mayor del sandinismo como uno de los "Doce", el pueblo si lo hizo en los millares de gargantas que aclamaron emocionadas al héroe de su revolución. La preferencia del pueblo fue tan obvia que, a partir de la salida de Edén Pastora hacia el exilio, la Dirección Nacional ordenó recoger los discos que aún quedaban en los estanquillos y que contenían la grabación de las voces del pueblo y sus dirigentes, siendo el más emocionante y más caluroso recibimiento el que se le tributó a "Cero".

Aunque la plana mayor del Frente Sandinista no incluyó a Edén Pastora en el grupo de doce miembros de la Junta de Reconstrucción Nacional, era indiscutible el lugar que ocupaba en el corazón de su pueblo. Pero en cualquier forma, le dieron una destacada posición dentro del gobierno, como viceministro de Defensa, viceministro del Interior, comandante de la Brigada Ezequiel, que defendía la frontera norte y fundador y director de las milicias sandinistas.

Desde su salida al exilio, su vida y sus condiciones políticas han sufrido grandes cambios. Controvertido, admirado y temido, es, de acuerdo con sus palabras, blanco de los ataques de "los que gobiernan en Managua, la KGB, cubanos y la CIA". ¿Cómo es Edén Pastora? Indómito, porfiado, carismático inflexible en sus principios. Un hombre de batalla, u oficial de guerra, ¡una fiera en la montaña.

BP- ¿Qué sintió cuando Somoza fue asesinado?

EP -"Podría intentar engañarla y decirle que no sentí nada. Pero no me creería porque estoy seguro de que sabe que sí me alegré. Sentí una gran alegría. En esa bazuca que lo mató iba el deseo de todo un pueblo al que Somoza había hecho tanto daño".

BP- ¿Quién mandó matar a Somoza?

EP- "Muchos creen que la Dirección lo mató. Pero no. Lo mataron los montoneros argentinos, fue una iniciativa de los montoneros sin la autorización de la Dirección Nacional. Más aun, en contra de la Dirección Nacional, Porque Somoza valía mas vivo que muerto. Políticamente, digo. Somoza era el monstruo que asustaba al pueblo, y ese temor hacía que el pueblo se aglutinara alrededor de la Dirección. Tampoco el Frente fue partidario nunca de eliminar a Somoza porque él catalizaba la revolución. Si nosotros lo hubiéramos querido matar cuando estaba en el poder, Somoza se hubiera muerto como un niño. Un operativo bien organizado y ¡paf! Pero no. Era mejor triunfar con el apoyo del pueblo, del mundo y no pasando sobre su cadáver. Después del triunfo, Somoza seguía siendo útil políticamente. Pero lo que pasó ya pasó, los montoneros mataron al monstruo y, además, creo que había hecho tanto daño que no había más que hacer con él que mandarle un bazucazo. No sé por qué la Dirección quiso hacerle creer al mundo que lo habían hecho en un acto de justicia revolucionaria".

BP- ¿Le tenía usted mucho odio a Somoza?

EP- "Sí, lo odiaba porque odio el mal y él representaba el mal. Yo creo que, por naturaleza, los hombres hemos nacido odiando el mal, y Somoza era la encarnación del mal"

BP- ¿Qué hubiera hecho usted con Somoza si se lo hubiera encontrado de frente?

EP- "Yo solamente uso las armas en la guerra revolucionaria y Somoza no se medía en el campo de batalla. La verdad, no sé qué hubiera hecho. Jamás se me ocurrió pensar en esa bella posibilidad..."

BP- ¿Alguna vez ha sentido miedo?

EP- "Por supuesto que lo he sentido. El que diga que nunca en su vida no lo ha sentido o es un mentiroso o ha vivido encerrado en una cajita de cristal. Pero cuando uno se juega la vida en el campo de batalla, necesariamente tiene que sentir miedo, esa es una reacción natural en el hombre. Pero lo grave en la vida no es tener miedo, sino no tener valor. El valor es el que nos hace hombres, el que nos capacita para vencer ese miedo".

BP- Describa el miedo.

EP- "Es difícil describirlo y más horrible sentirlo. Cada vez que uno entra en combate   siente un sudor frío en la frente, la boca amarga, los labios pesados. El corazón late como una máquina a punto de estallar, el oído se agudiza, se siente cada centímetro del cuerpo y dan como ganitas de orinar, a gotitas. ¡Qué feo es el miedo!"

BP- ¿Recuerda algún combate en el que haya sentido mucho miedo?

EP- "En varios. Para ser sincero, en casi todos. De pronto, está uno ahí, detrás de un matorral en una trinchera con un arma en la mano, y se acuerda de la familia... Otras veces, de pronto, se hace conciencia de lo hermosa que es la vida. Y hasta es posible que alguna vez lo asalte a uno el pensamiento ese de '¿qué estoy haciendo yo aquí?' Es que cuando uno entra en combate no cuenta sino con luchar contra el enemigo, pero antes de empezar a disparar, la que se dispara es la mente. Al principio, solamente el miedo. Después, se entra en calor y uno empieza a olvidar que lo pueden matar. Se siente inmortal. Es ahí cuando el hombre se transforma en una fiera, se vuelve peligroso, solamente quiere matar para terminar pronto y salirse de ahí".

BP- **¿No se cansa de la lucha?**

EP- "¡Jamás! Todo lo bueno tiene un precio en la vida. Y el precio de la libertad a veces es la misma vida".

BP- **Usted lleva más de 25 años de lucha armada y lo ha hecho porque ha querido hacerlo.**

EP- "Es cierto, ha sido una selección personal. Pero no porque he querido hacerlo por la guerra. Lo he hecho por un noble ideal que es el de liberar a mi pueblo de las dictaduras".

BP- **De todas maneras, han sido 25 años mirando de frente a la muerte... Eso sería un martirio... ¿insiste usted en que conoce el miedo?**

EP- "¿Quién no conoce el miedo? Frente a la muerte, yo he sentido miedo. El miedo... El miedo es cosa seria. Se siente un sabor amargo en la boca. Era como tener entre los dientes una moneda de cobre. Cuando se siente miedo dan ganas de correr, parece que ya se va a orinar uno... ¡Vieras lo feo que es el miedo! Se le erizan los pelos a uno".

BP- **¿Usted ha matado alguna vez en su vida?**

EP- "Sí. Pero no se lo aconsejo a nadie. No le deseo a nadie ese momento... Le aseguro que he matado más por autodefensa que por querer hacerlo. Lo he hecho porque no quedaba otra cosa que hacer. Yo siempre he matado en el fragor de la guerra y con todo, es feo, muy feo. Cada hombre, por malo que sea, es un ser humano, un hermano. Es tan feo matar como ver morir a un compañero, a un amigo. La guerra no es nada bonita..."

BP- **¿Cuántas veces ha matado?**

EP- "No lo sé. Es horrible matar. Se violenta el espíritu. Es muy malo matar, pero es peor que lo maten a uno".

BP- **¿Le gusta el fusil?**

EP- "No. Le tengo miedo al fusil... ¡No me gusta! Sé lo que significa el fusil. Significa la muerte, el terror, el espanto, el llanto. Yo cuando tomo el fusil, es cuando voy a matar. Definitivamente. Mira mi casa. No ves armas. Los compañeros que me custodian no exhiben sus armas, no se las ve. Constantemente estoy en lucha con ellos: 'Guarden eso, oculten eso'. Hubo una periodista, Sussy creo que se llamaba, que después de andar conmigo y conocerme de cerca pareció extrañada de ver que nunca jugueteaba con el arma, como hace otra gente. Yo la tenía siempre cerca, pero no la andaba mostrando, exhibiendo. Eso le extraño mucho y me hizo esa observación. 'Edén', me dice, 'he notado que a usted no le gusta mucho el arma'. Sí, no me gusta el arma. No me 'pavoneo' con ella. La empuño por necesidad. Sé lo que significa esto y el arma va contra mi espíritu. Vos me conoces. Soy un tipo alegre, sonriente, bromista, 'chilero'. Soy un hombre de acción, de guerra, pero no me gusta la guerra. Créame. Las caras se ponen serias, la gente llora mucho, El fusil significa mucho sufrimiento".

BP- ¿Aspira seguir dedicándole su vida a la guerrilla?

EP- "Yo siempre he estado en la guerrilla, aunque algunas veces la haya dejado para dedicarme a otras actividades particulares como la pesca o la ganadería. Es más, el día que Nicaragua sea libre, me dedicaré a la pesca. Pero mientras en Nicaragua las cosas no marchen bien, yo pelearé por la libertad, por la justicia, por la democracia..."

BP- Cuando usted decidió salir de Nicaragua, salió solo?

EP- "Solo, sin avisarle más que a un grupo muy pequeño de compañeros. Mi familia ya estaba en Costa Rica. Me chequeaban los teléfonos en Nicaragua, se burlaban de las conversaciones íntimas que sostenía con mi mujer..."

BP- ¿No le da miedo correr la misma suerte que Somoza? Ellos dijeron en un principio que la revolución tenía tentáculos...

EP- "No. Ellos inclusive pueden matarme, pero no ganan nada. Sería un estallido mundial y no va a quedar más alternativa que la corrupción en Nicaragua o un enfrentamiento abierto con las fuerzas contrarrevolucionarias. Sería un error de la Dirección Nacional que me mataran. Se violentaría la situación de América. Y si me matan, yo no tengo miedo".

BP- ¿Cuáles podrían ser los tentáculos a los que se refiere la Dirección Nacional?

EP- "Sí, tiene tentáculos. El partido comunista de Nicaragua es un tentáculo. Hay cinco mil miembros ahí, del partido comunista, que no entienden esta pugna interna de los sandinistas y se han hecho eco de la Dirección. Pero también tenemos el partido comunista, que aquí en Costa Rica, llamó bandido a Sandino, lo llamó bandolero, y llamó terrorista a Carlos Fonseca Amador en 1969".

BP- **¿Ha visto la muerte de frente?**

EP- "Sí. Muchas veces-.. Pero nunca me han herido en combate. El único tiro que tengo, me lo pegué yo solo accidentalmente en la mano. En cambio, la bomba que me colocaron en La Penca' sí me dejó convertido en un mapa. ¡Un año después del atentado aún me salían pequeñas esquirlas que iba rechazando el cuerpo! Mira esta pierna. (Y muestra la pierna izquierda, cicatrizada en un 90 por ciento) Definitivamente, he visto la muerte de frente, varias veces. Por ejemplo, una vez se me paró un helicóptero a 12,000 pies de altura y otra vez falló otro helicóptero y me vine al suelo, a una carretera. ¡Pero solo salí con magulladuras! Otra vez estaba hablando por radio y le entregué el micrófono a un compañero mientras daba como 20 pasos para buscar un papel con información que tenía que transmitir. No había terminado de dar los 20 pasos cuando cayó el mortero un metro atrás de donde yo estaba transmitiendo, matando a mi compañero. Otra vez caímos en una emboscada y me tiré a una zanja. Por la noche cuando me fui a cubrir con la cobija que llevaba en la mochila, la colcha tenía pegadas cinco balitas. Me habían pegado cinco o siete tiros, pero todos en la mochila. Otra vez avancé dentro de un tiroteo y una balita quedó en una medallita de la Virgen que me había cosido mi mujer en la camisa. En otra ocasión fue un escudo en la boina el que me salvó de un disparo en la cabeza..."

BP- **¿A qué edad tuvo su primera pistola?**

EP- "Ya lo dije antes, a los ocho años de edad".

BP- **¿Recuerda cuando disparó por primera vez?**

EP- "Sí, cuando tenía doce años".

BP- **¿Quiere eso decir que de niño sí le gustaban las armas?**

EP- "No, eso quiere decir que desde que era un niño me sentí amenazado. Recuerde que apenas tenía siete años cuando mataron a mi padre. A partir de ese momento empecé a aprender a conocer las armas. Además, por las circunstancias del asesinato de mi padre, mis hermanos siempre vivían armados. Así, dentro de mi casa, empecé a familiarizarme con las armas".

BP- **Pero insiste en que no le gustan.**

EP- "No me gustaban ni de niño ni ahora. Las armas traen luto a los hogares, llanto, desolación. Son terribles las armas".

BP- **¿Recuerda su primera reacción cuando se dio cuenta de que había matado a un hombre?**

EP- "Sí. Recuerdo que pasé quince días sin dormir. Es feo matar. Y las primeras veces que se mata, se espanta el sueño. Por eso yo no se lo recomiendo a nadie, no se debe hacer si no hay unos ideales verdaderos y una plena conciencia de que se juega una pelea limpia en la guerra, y se hace por el bien del pueblo".

BP- **¿Por qué usted lucha con distintos nombres?**

EP- "Eso forma parte de la mística. Yo, por ejemplo, en mi vida clandestina he usado los nombres de Pastor Peralta, Rememberto Sánchez, Jacinto Hernández, quien era un campesino con quien luché hombro a hombro en las montañas y murió en combate. También me dicen Chinto porque así llaman en Nicaragua a los Jacintos. El último nombre que he llevado es Macondo".

BP- **¿Macondo por el pueblo protagonizado en "Cien años de Soledad"?**

EP- "¿Yo tendré algo de ese pueblo?", se ríe jocosamente.

BP- **¿Es cierto que Macondo era también un hombre que usted conoció?**

EP- "Macondo" era también Chico Chiquito.

BP- **En una entrevista usted dijo: "Algún día le contaré quien mató a Chico Chiquito".**

EP- "Pregúntame eso otro día. Me estás haciendo trabajar demasiado".

BP- **No, yo quiero saber quien mató a 'Chico Chiquito' porque siempre he visto que habla con mucho misterio de él. Que siempre evita responder esa pregunta...**

EP- "Pero si eso lo digo otro día..."

BP- **No, quiero saberlo ahora para incluirlo en su libro.**

EP- "Eso no debe ir en un libro sobre mí porque eso no es historia mía, eso es historia de Tomás Borge".

BP- **Entonces, será hacer una biografía de Borge...**

EP- "Y del diablo también..."

- **Tengo que ir pensando en un buen título...**

EP- "Muy bonito..."

- **Está bien, empiece...**

EP- "Cuando yo tenía siete años me llevó una tía donde una bruja, una gitana... Eso ocurrió hace como 43 años y mi tía fue a escondidas de la familia porque le daba vergüenza que supieran que iba donde la gitana. Yo la tengo presente todavía.. Era una vieja que llevaba envuelta la cabeza, tenía unos aretes enormes y unas 'chichas' grandes. Yo no hice otra cosa que mirar las 'chichas' grandes de la vieja. Unas tetonas magníficas. ¡Qué pechos los de esa vieja gorda! Desde entonces me llaman mucho la atención las 'chichas'. Entonces la vieja recibió a mi tía, que había llegado avergonzada y tímida. Muy solemnemente la mujer sacó un vaso de agua y nos dijo: 'Voy a introducir esta hostia en agua y si el agua hierve y chilla, tu suerte cambiará'. Diciendo esto agarró la hostia blanca y la echó en el agua que ¡psssssstttt! Empezó a hervir. Qué miedo nos dio, ja, ja. ¡Era Alka-Seltzer, que hasta entonces no lo conocíamos en mi pueblo! Lo mejor es que mi tía no quería que nadie se enterara: pero como me llevó, yo llegué contándole a todo el mundo que la vieja había hecho hervir el agua. ¡Qué vieja más jodida! ¡Y que susto el que nos metió!"

-**¡Qué lindo te quedó... !**

EP- "La cara que pusiste. Parecías una muchachita. Ja, ja, ja".

- **De aquí no me voy sin la verdad sobre la muerte de Chico Chiquito.**

EP- "Está bien. En Pancasán se incorporó un campesino que se llamaba Félix Ortega. Eso fue en 1966. Desde entonces se hizo un guerrillero famoso y dirigente sindical de la tronca... ¡No, esto es de Tomás!"

- **O.K. Entonces préstame la historia por adelantado para cuando yo escriba la biografía de Tomás. Sí, Tomás Borge: Presidente vitalicio de Nicaragua'.**

EP- "Tomás Borge, mmmmm. Tomás Borge..."

- **Así es. Escribiré la historia de Chico Chiquito en la historia de Tomás Borge, presidente vitalicio de Nicaragua...**

EP- "Y elegido por votación popular..."

BP- Llevo mucho tiempo en esto. Hable ahora de Chico Chiquito.

EP- "Ayyyy! Lo mandó a matar Tomás".

BP- ¿Por qué?

EP- "Oye, hagámoslo otro día porque esa grabadora no está funcionando bien…

BP- Sí, si funciona. Sigue... Ya lo dije.

EP- "Chico Chiquito, Denis Ortega, peleó en Pancasán, en Cénica, en Waslala... Entonces dentro del Frente Sandinista hubo una pugna entre Oscar Turce y Tomás Borge. Chico Chiquito se fue al lado de Oscar Turce y Tomás nunca se lo perdonó. Chico Chiquito era un campesino, un líder campesino nato. Después del triunfo en los primeros días, me encontré con Chico Chiquito en el 'bunker' y después de eso no lo volví a ver, se me perdió de vista. Un día yo subía al batallón militar y entre cientos de prisioneros me encuentro a Chico Chiquito preso. Le pregunto: ¡Ay, mi hermano! ¿Qué te pasó?'. Me dijo: 'Me capturaron y estoy preso aquí por orden de Tomás'. Me sorprendí mucho... ¿Y que pasó?, le volví a decir. 'No, es que tuve un problema con un jodido y me excedí... Ahora estoy esperando la resolución de la Dirección'. 'Bueno, hombre, yo voy a hablar de eso', le dije. El sábado siguiente se reuniría la Dirección Nacional. Yo dije, 'Voy a aprovechar a hablar del caso de Chico Chiquito'. Pero antes de plantear el asunto ante la Dirección, quise hablar del caso con Tomás Borge. Vuelvo a preguntar por Chico Chiquito y me dicen: 'Se lo vinieron a llevar por orden del Comandante Tomás Borge'. Entonces creí que lo habían dejado en libertad y no planteé el asunto porque me imaginé que ya estaba libre. Pero después de la reunión nos quedamos platicando informalmente, como siempre lo hacíamos Se van yendo y van saliendo casi todos, hasta que no quedamos del Estado Mayor más que Joaquín Cuadra, Tomás y yo. Entonces me acuerdo y le digo: "Tomas, ¿y Chico Chiquito?... ¿Qué pasó con Chico Chiquito?' Tomás no me contestó nada y se quedó muy serio. Me quedé mirando a los dos. Entonces, con la mirada fija, Tomás me dijo: 'Lo mandé matar... ' '¿Lo mandaste matar?', le digo. ¡Me había quedado helado! Yo no siento fácilmente miedo, pero ahí sí sentí miedo. Entonces Joaquín Cuadra se levantó, me dio un golpe en el brazo de la silla y se marchó. Muy serio, le repito yo a Tomás: '¿Lo mandaste matar?'... Me mira, y dice: 'Sí... ¿Por qué?'. Le respondí: 'Porque a Chico Chiquito no se le podía matar'. Entonces me dijo: 'Fue una decisión de la Dirección porque Chico Chiquito era peligroso. En cualquier momento podía alzarse'. Le insinúo: 'Se habría podido mandar a Cuba o a cualquier parte, o rehabilitarlo con su mujer y sus hijos'. Entonces me dice Tomás: 'Esa fue una decisión de la Dirección y espero que lo sepas manejar y entiendas que esto debe mantenerse en secreto'. Yo me quedé frío, y así nos despedimos. Entonces, me fui a donde Joaquín y, al acercarme Joaquín me miró muy alterado. Le digo: '¿Oíste eso?'. Entonces Joaquín me dice: 'Sí, ese hijo de puta es un asesino...' Esa es la historia de la muerte de Chico Chiquito".

BP- ¿Por qué nunca había querido hablar de la muerte de 'Chico Chiquito'?

EP- "Porque recordar ese episodio del crimen de Tomás me produce repugnancia. Es la historia del hombre que se convierte en lobo y se come a otro hombre".

BP- ¿Matar en la guerra no produce repugnancia?

EP- "Por supuesto que sí. Matar va contra la naturaleza del hombre. Pero en la guerra hay que escoger entre matar o que lo maten a uno".

BP- Hablemos de la muerte. En Nicaragua, la revolución ha costado 50,000 muertos. ¿Qué siente al ver a su patria desangrada?

EP- "Se acumulan muchos sentimientos. Son tantos y tan distintos que a veces parece que no pueden reunirse en uno solo. Hay tristeza, frustración, dolor, cólera. Da indignación, resentimiento... Dicen que soy un resentido: ¡Claro que lo soy! ¿Cómo no voy a sentirme resentido al ver esa revolución tan bella y que se pagó a un precio tan alto, traicionada?"

BP- Hablando de otros movimientos guerrilleros, ¿sabe algo del M-19 de Colombia y algún vínculo con Managua?

EP- "No puedo hablar nada... Es que para hablar uno tiene que tener elementos de juicio, ser objetivo. Los guerrilleros del M-19 se nos adelantaron en un operativo grande, de nivel internacional, como la toma de la Embajada de la República Dominicana con casi todo el cuerpo diplomático dentro, incluyendo a los embajadores de Francia y los Estados Unidos. No creo que tenga un beneficio táctico de imagen, porque internacionalmente te rebaja ante la opinión de muchos países. Sin embargo, creo que influyó para que los comandantes se decidieran a apoyarme el plan para la toma del Palacio Nacional".

BP- Ese anillo de diamantes que usted lleva y el reloj Rolex de oro en su muñeca desentonan con la imagen de un guerrillero. ¿Por qué los lleva?

EP- "El anillo me lo regaló Omar Torrijos. Cuando me lo regaló, me pareció bonito pero me estorbaba en el dedo. Un guerrillero no está acostumbrado a llevar joyas, menos aún un anillo con dieciséis diamantes. Pero al morir el general Torrijos en un accidente de aviación, lo saqué del cajón en el que lo habla guardado y lo conservo como recuerdo de ese gran hombre. El reloj lo dejó tirado José Somoza Abreu, sobrino de Somoza, durante la toma del Palacio. Llevo el reloj para simbolizar que quienes abusan de sus privilegios terminan dejando todo en poder del pueblo".

BP- ¿Cómo fue la historia completa del reloj?

EP- "Bueno, después de entrar al Palacio, empezamos a hacer las negociaciones. Mientras hablábamos por teléfono y discutíamos los términos, los compañeros controlaban la situación. De pronto, me encuentro a uno de los hombres nuestros con una boina llena de joyas. Le pregunto: '¿De dónde sacaste eso?' Me responde: 'Decidimos quitarles las prendas a los rehenes para recaudar fondos para la revolución' ¡Qué vergüenza! Le dije que nosotros no éramos asaltantes, sino guerrilleros y empecé a devolver las prendas mientras preguntaba en voz alta: '¿De quién es este anillito?' '¿De quién es este relojito?'. Pero cuando llegué al reloj nadie respondió. Como yo había anunciado que en caso de no cumplirse el plazo de las negociaciones empezaría a matar a los rehenes empezando por los miembros de la familia Somoza, el dueño del reloj -José Somoza- jamás se acercó a reclamarlo".

BP- Si la corrupción existió en el pasado, el presente no se queda atrás en ese aspecto. ¿Hay alguna forma de detener la corrupción en Nicaragua?

EP- "Sí. Allí hace falta un comandante con autoridad moral suficiente para detener la inmoralidad. Pero el que tenga que hacerlo tiene que llevar una vida limpia, austera".

BP- ¿Cuál es el problema de la inmoralidad administrativa en la América Latina?

EP- "Es un problema de falta de amor. Eso es lo que necesitan los pueblos de Latinoamérica: amor. Amor por parte de dirigentes y políticos hacia sus pueblos. Tiene que haber más desprendimiento y que vean las cosas desde la perspectiva de los que están abajo. Es que el poder corrompe... ¡Chihuahua! Hay tanta ambición material, tanto egoísmo y tanta vanidad. Es como si el poder sacara del hombre todo lo malo que hay adentro para ponerlo en práctica".

BP- **¿Por qué no se une al FDN y participa de la lucha general?**

EP- "Porque no se puede mezclar el agua y el aceite. Ellos tienen sus ideales, su propia idea de lo que quieren hacer en Nicaragua y yo tengo otra idea diferente de lo que debe tener Nicaragua para satisfacer las necesidades del pueblo".

BP- **¿Pero en principio no luchan todos por lo mismo, por la liberación de Nicaragua?**

EP- "En principio... Pero no me gustan muchos elementos somocistas que la integran y que a la larga pueden llevar a mi país a un regreso al pasado somocista".

BP- **Sigue viendo fantasmas..**

EP- "Los sigo viendo... ¿no los ves tú?"

BP- **¿Ha hablado con los congresistas?**

EP- "He hablado con los congresistas, con todo el mundo menos con Reagan".

BP- **¿Es cierto que hubo un intercambio de cartas entre usted y Edward Kennedy?**

EP- "El ya comprende lo difícil de mi posición, sabe que no es fácil para nosotros los terceristas de Nicaragua. La carta a la que usted se refiere es una carta que me mandó Kennedy pidiéndome que soltara a un Dr. Gutiérrez de un batallón. Quiero aclarar que a ese hombre lo agarramos uniformado y peleando con un arma. Entonces, Kennedy me pide en su carta que soltemos ese hombre que 'teníamos secuestrado'. Yo le respondí que los que secuestraban eran los de Managua, cuando sacaban a las gentes de sus casas bajo las sombras de la noche. Le dije que los que perseguían al pueblo e infundían terror eran los de Managua. 'Los que usted defiende', le dije. La controversia que se creó fue porque la prensa le dio demasiada importancia a que yo dirigiera mi mensaje 'de un verdadero revolucionario, que no es como esos seudo revolucionarios que usted defiende' . La gente sabe que cuando yo tengo prisioneros de guerra se los entrego a la Cruz Roja... Eso fue todo. Y cuando yo recibí la carta de Kennedy, ya hacía más de un mes que le había entregado al seudo médico con escopeta a la Cruz Roja, y ya estaba viviendo de nuevo en Managua".

BP- **¿Y el asunto ese de las minas en el puerto de Corinto?**

EP- "Bueno, eso fue cuando decidimos que había que darle un poco de publicidad a lo que estábamos haciendo en el sur y se me ocurrió poner unas minitas pequeñas, sencillitas, que obstaculizaban la llegada de los barcos rusos a Nicaragua. Quería frenar un poco el suministro de armas de los soviéticos y las llegadas de los barcos rusos a Nicaragua, pero sin hacerle daño a nadie. Entonces se me ocurrió lo de las minas, fabricándolas con latas de cinco galones de pintura. Las llenaba con cinco o seis libras de dinamita, les ponía una mecha y las conectaba a una batería. Luego, cuando el barco pasaba por una de ellas: ¡Fuujum! Mucho ruido, mucha publicidad de los barcos soviéticos llegando a Nicaragua, y ningún muerto. Pero lo increíble es que después de que yo puse las minas, vienen unos muchachos de la CIA y deciden reforzar lo que yo he hecho. ¿Entonces qué pasa? Que los sandinistas dicen que la CIA ha minado el puerto de Corinto. ¡Lo había hecho yo con mis hombres, sin ayuda de la CIA! Era decisión y trabajo de nicaragüenses, pero la CIA viene y se mete después de por medio..."

BP- **Hablemos ahora de ese grupo de jóvenes religiosos de una secta norteamericana que fueron en misión de paz al sur de Nicaragua y usted los aprehendió...**

EP- "¡Muchachos locos! Dizque religiosos.... ¡Unos comunistas gringos! Eso es lo que llaman en la Biblia 'lobos con piel de oveja'. Imagínese, es que casi da risa pensar que haya gente tan estúpida, a menos que estuvieran 'enmarihuanados'... Ir a una zona de guerra cantando y rezando, llevados por los sandinistas. Aquí llegó en el grupo una muchacha que venía cantando y rezando, pero lo que quería era otra cosa... ¡Pobrecita! Para hacer eso no hay que viajar tan lejos..."

BP- **¿Tuvo usted una pelea con el panameño Hugo Spadafora?**

EP- "No. Yo nunca tuve una pelea con Hugo. Simplemente, a él no le gustaba mi forma de dirigir la guerra y se retiró a trabajar solo..."

BP- **¿Con quién estaba Spadafora, con los misquitos?**

EP- "Sí, él luchaba con ellos, pero dentro de su propio grupo. Hugo no estaba ni con Robelo, ni con el FDN, ni con Brooklyn Rivera. Tenía su propio grupo".

BP- **¿Es cierto que Spadafora creía que usted tuvo vínculos con Noriega?**

EP- "No. Yo nunca recibí ayuda de Noriega, ni he recibido, ni recibo nada de Noriega y Hugo lo sabía. Todo el mundo dice que tuvimos un disgusto con Hugo, pero nunca lo hubo. Yo siempre admiré a Hugo y con su muerte los nicaragüenses hemos perdido a un gran aliado y a un gran combatiente de la causa de la libertad en Nicaragua".

BP- **Sin embargo, en uno de sus escritos Hugo Spadafora dice que usted tiene poses dictatoriales...**

EP- "¿Eso decía Hugo?"

BP- **Sí, en un artículo suyo publicado por "La Nación" de Costa Rica...**

EP- "No lo sabía... ¿Pero en qué estaba la dictadura mía? ¿En que era el Comandante de las fuerzas del sur? ¿O es que la guerra se dirige democráticamente? Yo jamás he visto una guerra en el mundo que se mande democráticamente en asambleas populares ¡Una guerra la manda un comandante, un general! Ahora, que si no les parece bien la forma en que la está dirigiendo un comandante, desconózcanlo, nombren otro comandante".

BP- **¿Ahora qué está usted haciendo en su grupo?**

EP- "Bueno siguiendo con la pregunta anterior... ¿Hugo dijo eso? Duele. En fin, fíjate que hasta del mismo Dios la gente habla. Que por qué Dios hizo esto, que por qué, más bien, no hace que esto ocurra... En fin, no es que yo me compare con Dios, pero esa situación de descontento es parte de la condición humana... No más, fíjate en la posición de los Estados Unidos con respecto al 'Comandante Cero'. Antes, cuando yo formaba parte del gobierno de Managua, decían que Edén Pastora era el único comandante demócrata, y ahora resulta que para ellos soy comunista... ¡Esas son las incoherencias de la humanidad!"

BP- **En una de sus alocuciones radiales, le escuché invitando al exilio cubano a dar sus donaciones con una palabra que es propia del léxico de los comunistas. Les decía 'compañeros'...**

EP- "Sí, así les digo y les seguiré diciendo. Compañeros, hermanos... ¿Que los comunistas también lo usan? Pues que cambien ellos la terminología... ¿Por qué les vamos a dejar esa semántica a los comunistas? Los comunistas nos han robado la semántica de creación, de revolución, de compañerismo, de fraternidad, de hermandad, de legitimidad. Nos van quitando los valores, las palabras, y nosotros vamos permitiendo que ellos nos dejen la semántica negativa, como 'Contras'. Y yo, ¡el Comandante de los Contras! Reagan nos dio un buen nombre 'Freedom Fighters'. Eso es lo que hemos sido y lo que somos, Luchadores de la Libertad. Pero los cables de las agencias de noticias siguen traduciendo 'Contras' y así nos titulan en la prensa norteamericana porque es más corto, y así nos llaman en todas partes. Nos llaman rebeldes, en fin, todo negativo..."

BP- **¿Ha hablado alguna vez con el congreso de los Estados Unidos?**

EP- "He hablado con algunos congresistas. A mí me gustaría hablarle a todo el congreso en pleno, pero eso no lo puede hacer sino el Presidente de la República".

BP- **Una vez usted me comento que estaba disgustado con el senador Edward Kennedy porque al tratar usted de acercarse a él, lo ignoró por completo...**

EP- "Eso era antes, ahora es un gran amigo mío... En marzo del '86 hablé con él y le dije lo que he sido, lo que voy a hacer y lo que seré toda mi vida. Le expliqué que luchar desde posiciones democráticas, revolucionarias, tercermundistas, no alineadas y antiimperialistas no es fácil. No es fácil sostenerse en esa lucha, y ahí es donde se ve si uno está convencido o no, si sus ideas son válidas o si lo hace por dinero. ¡Ay, del dinero! Cuantas veces a los hombres les pesa más el bolsillo que el corazón o el cerebro..."

BP- **Volviendo a Kennedy, ¿qué le dijo?**

EP- "El me dijo que tenía razón. 'Yo conozco bien su caso', me dijo. 'Tiene razón'. Me dijo que iba a tratar de ayudarme..."

BP- **A lo mejor se lo dijo por protocolo, por decir algo...**

EP- "No, él se veía convencido... El sabe quien soy yo".

BP- **Entonces, ¿qué pasa con el congreso de los Estados Unidos?**

EP- "Algo muy sencillo... Ellos están haciendo política norteamericana con la situación de Nicaragua. Ellos no son guerrilleros, ni se están jugando la vida en las montañas, ni son 'nicas'. Son políticos norteamericanos, y es muy natural y muy lógico que todo lo que hagan sea en función de la política norteamericana. Además, no están bien informados..."

BP - **Bueno, aunque no vayan al frente a pelear, conocen la situación a través de la prensa...**

EP- "Pero si la prensa norteamericana está pésimamente informada... Por ejemplo, hablemos de esa supuesta incursión de Nicaragua a Honduras para sacar a las tropas del FDN de Honduras... ¡El mundo la creyó! De lo que no se daban cuenta es de que unos y otros estaban de acuerdo. Eso fue en el '86. Si una persona no tiene un buen nivel político, se lee una noticia y no la analiza. Mira los hechos tal y cual se presentan y no se fija en lo que puede ocurrir detrás de la noticia. Vamos a analizar la situación de esa 'guerra' pequeña que hubo entre Nicaragua y Honduras, en momentos en los que querían deshacerse de los combatientes del FDN. Primero que todo, Managua mete en Honduras tres batallones. Para meter tres batallones, se necesitan dos de apoyo. Es decir, Managua moviliza cinco batallones. ¿Quién puede creer que los cuerpos de inteligencia de Honduras no se vayan a dar cuenta de que

Managua está movilizando cinco batallones? Sigamos... Para entrar quince kilómetros se necesitan dos días... ¡Y resulta que Honduras no se da cuenta! ¿No tienen puestos de avanzada, no tienen puestos de vigilancia en quince kilómetros? El combate dura 72 horas... Estamos hablando de tres días de avanzada y dos de penetración: cinco días. Y a esto tenemos que agregarle dos días de salida. Total: siete días. ¡Y resulta que de todo ese operativo, el resultado son cerca de siete prisioneros y tres muertos, en un combate de miles de hombres'. Eso fue pura pantomima para justificar. Después decían que Honduras solicitaría la retirada de los asesores militares de los Estados Unidos y que los problemas entre Honduras y Nicaragua son por culpa de los 'contras', que se vayan los 'contras'. Veamos, usted, que tanto cree que sabe leer en la prensa, mire este titular de prensa que anuncia un intercambio de prisioneros entre Honduras y Nicaragua... ¿puede alguien inteligente creer que a los diez días de una guerra Honduras esté cambiando seis soldados invasores por unos pescadores de la población civil de Honduras? Entonces, dos días después se publica otra información: Dice Ancona que Honduras podría solicitar la retirada de los asesores y tropas de los Estados Unidos siempre y cuando Nicaragua firme el Acta de Contadora... ¿Se da cuenta? Para comprender las noticias, hay que leer detrás de las noticias..."

BP- ¿Quiere decir que todo fue una pantomima?

EP- "Claro, ¡pura pantomima!"

BP- ¿Y el Departamento de Estado no se ha dado cuenta de eso?

EP- "Tiene que haberse dado cuenta..."

BP- Ahora hablemos de la bomba que le pusieron en La Penca. ¿Quién le puso la bomba?

EP- "Ya quisiera yo saberlo. Esa es la pregunta de los mil millones y se los doy a quien me diga quién fue. Pudo haber sido tanta gente..."

BP- Pero ni sospecha?

EP- "Ni sospecho. Es que no hay un elemento de juicio"...

BP- ¿Y no ha tratado de averiguar quién la puso?

EP- "¡Ah, cómo no! Tengo un gran interés por saberlo... Se sabe quién la puso físicamente. Era un hombre alto, barbudo, que se hacía pasar por periodista. Incluso existen fotografías de él. Pero no se sabe dónde está, ni para quién estaba trabajando..."

BP- **Es decir, que su servicio de inteligencia no es muy bueno...**

EP- "Ni tampoco el del FBI, ni el de la CIA (risas). Porque no han podido averiguar tampoco quién es.."

BP- **Y a pesar de la bomba, insiste en seguir por el mundo sin utilizar medidas de seguridad especiales...**

EP- "Nadie se muere la víspera".

BP- **¿Es cierto que una vez usted viajaba de incógnito en un vuelo comercial y cuando los pasajeros lo descubrieron se bajaron del avión?**

EP- "Sí, es cierto. Se bajaron tantos, que casi me hacen un vuelo expreso (risas)... Nadie quería viajar en el mismo vuelo del 'Comandante Cero'..."

BP- **Ahora hábleme del accidente de su helicóptero en Costa Rica, unos meses después del atentado de La Penca...**

EP- "Se paró en el aire... De un millón de helicópteros, no se para ninguno. Eso nunca pasa... ¡Y éste se paró!"

BP- **¿No tenía gasolina?**

EP- "Sí, tenía gasolina. Fue bien extraño... Una turbina ya encendida nunca se para. ¡Y se paró!".

BP- **¿Por qué se paró?**

EP- "Ese es el gran interrogante que yo me hago... ¿Por qué se para un helicóptero? ¿Por qué explota una bomba? ¿Por qué nunca se sabe quiénes son los culpables?"

BP- **Entonces, en el caso del helicóptero usted sospecha que hubo sabotaje...**

EP- "Tuvo que haberlo... Mire, un helicóptero tiene mil piezas que, digamos, duran quinientas, setecientas, mil horas. Pero puedes reemplazar una de esas piezas que supuestamente durarán setecientas horas y acondicionarla para que dure cien, porque en esas próximas cien horas de vuelo va volando Pastora el 90 por ciento del tiempo. Por eso el helicóptero falló cuando yo venía de la montaña, y se cayó en picada..."

BP- **¿No le pasó nada?**

EP- "Caímos sobre una carretera, y no me pasó nada... Solamente un golpe en la cadera y un par de magulladuras. Pero, en definitiva, nada..."

BP- **Antes hablamos del miedo. ¿Sintió miedo esa vez?**

EP- "Es curioso... En una situación de ésas, de un helicóptero que se cae, no hay tiempo de pensar. Simplemente, se pone la mente en blanco. Solamente veo al piloto, pálido y angustiado... No hay nada que hacer, caemos en la carretera. Luego un golpe seco y eso fue todo..."

BP- **¿No le parece que la mayoría de los revolucionarios se acostumbran a la guerra?**

EP- "Puede ser que sí.... Es difícil juntar al hombre con el fusil, pero es más difícil, una vez juntos, s**EP**ararlos. Ese es uno de los problemas".

BP- **Entonces, dejar las armas debe significar para usted un sacrificio muy grande...**

EP- "No. Ese es el sueño de mi vida: ver a Nicaragua libre de dictaduras y poderme ir a vivir cerca del mar y dedicarme a la pesca para ver crecer a mis hijos y hacerle el amor a mi mujer".

BP- **Ya me ha dicho como le gustaría vivir los últimos días de su vida. ¿Cómo le gustaría morir?**

EP- "¿Cómo me gustaría morir?... A mí me gustaría morir saliendo de un teatro. ¡El Teatro Nacional de Budapest! Después de ver un concierto de violines húngaros. Que sea una noche de invierno, fría, nebulosa y acompañado por una dama en absoluto anonimato. Envueltos con bufandas, enguantados, en silencio. Toda la gente se marcha, va en camino a abordar sus automóviles en aquella noche fría de invierno. Cuando empiezo a abrir la puerta del automóvil para dejar pasar a la dama, suenan unos disparos. ¡Pa-pa-pa! Caigo herido mortalmente. Corren los periodistas, toman unos 'flash' y al día siguiente, en todos los diarios del mundo, en la primera plana: 'El legendario Comandante Cero agoniza en los brazos de su amante a consecuencia de unos disparos que le lanzara un marido celoso'... ¡Así quisiera morir! Ja, ja, ja..."

BP- **¿Por qué en Budapest?**

EP- "Porque yo estuve en Budapest y salí una noche del teatro, y era una noche fría, y me pareció el ambiente romántico... Por eso me acuerdo de Budapest".

BP- **Si el día de mañana lo fueran a recordar por una frase, ¿qué frase escogería?**

EP- "Escogería dos. Una de Torrijos sobre mi tumba: 'No se ha inventado un misil que pueda destruir un ideal'. También hay una frase mía que pronuncié una vez: 'Hoy el fusil, mañana platicamos'".

5

El ajedrez de la política internacional

Los llaman "Contras". Un nombre corto y sencillo para referirse a alguien que se opone a algo. En el caso de quienes luchan por devolver a Nicaragua a cauces democráticos, un nombre injusto que siempre lleva una connotación peyorativa. Los que detentan el poder en Managua los llamaron así, y así se quedaron en todos los idiomas porque la misma prensa libre que no existe en Nicaragua les sirvió de eco en todo el mundo.

Solamente el presidente de los Estados Unidos, Ronald Reagan, les ha hecho justicia al llamarlos con una expresión enraizada en los principios democráticos de éstos hombres de uniforme verde olivo y una larga e infructuosa vida en las montañas: "Freedom Fighters". En español, Combatientes de la Libertad. Eso son y eso es lo que han sido por mas de treinta años.

La prensa controlada de Managua tiene, además, para la palabra "Contra" un sinónimo adicional: anti-sandinista. Pero, ¿cuáles son los verdaderos sandinistas? ¿Los que se fueron a vivir a las mansiones de los somocistas y se adueñaron del poder en forma autónoma y totalitaria o los que se rebelaron porque consideraron inmoral decretar austeridad para el pueblo mientras sus dirigentes disfrutaban del poder y suprimían las libertades individuales?

Indudablemente, el ideario de Sandino tiene la respuesta y aún subsiste en esas pequeñas banderas rojas y negras que ondean en las montañas. Por eso regresaron a esas selvas inhóspitas, húmedas y verdes, a esos mismos lodazales. Por eso siguen cruzando esos ríos grisáceos en cuyas entrañas duermen tiburones. ¿Que en las filas del norte hay algunos elementos que en el pasado simpatizaron con el Somocismo? En Managua también los hay, siendo el más notable de ellos uno de los doce miembros originales de la

Dirección Nacional de Nicaragua y vicepresidente del país, Sergio Ramírez Mercado.

Sin embargo, para estorbo de sus detractores y alivio de los demócratas, en el sur continúan las mismas caras, los mismos ideales. Algunos, hostigados hasta el extremo de una obligada rendición; otros, manteniendo con dificultad una posición de centro, persistiendo en la rebeldía que mantuvieron contra Somoza y que continúan sosteniendo contra el totalitarismo de Managua. Bien sea desde una posición militar o política, son la fuerza más sólida contra el nuevo sistema de opresión. Son los "terceristas", que no han desfallecido en su propósito de devolver a Nicaragua a unos senderos democráticos que ahora menos que nunca existen en la tierra de Sandino. "Contras", los llaman. ¿Contra qué? Contra una revolución traicionada. Esa sería la única definición válida.

BP- Quienes oyen hablar del Comandante Cero, enseguida piensan en un hombre de acción. Sin embargo, para muchos sus ideas políticas son un poco confusas...

EP- "Sí, para muchos es difícil comprender... Es más, ni usted misma me comprende.

Pero la base de mis ideas políticas está en el amor al pueblo. Ganas de que el campesino viva mejor, de que el obrero viva mejor, de que no haya tanta pobreza, tantos barrios marginados... ¡Es que la miseria duele! Ser un verdadero sandinista requiere pensar que haya cambios de estructuras del gobierno, cambios sociales, cambios económicos políticos... Una revolución que encuentre la forma de mejorar el estándar de vida de ese pueblo".

BP- Dividir lo poco que hay... ¿no es como repartir pobreza? Porque hasta donde yo me he dado cuenta, en Nicaragua es poco lo que queda..

EP- "Es cierto. De ahí que estemos por la inversión... Inversión con garantías, dentro de una política de economía mixta en que haya empresas estatales y privadas".

BP- Algunos dicen que Edén Pastora es marxista..

EP- "Yo no le tengo miedo al marxismo leninismo, aunque yo no soy marxista. Y te digo que no soy marxista no por complejos o temores, sino porque nunca lo he estudiado. ¿Cómo me voy a poner a estudiar 'El Capital' de Marx si a un economista, un licenciado, todo un doctor en economía, le cuesta trabajo entenderlo... ¡Y voy yo de 'fachento' con el bachillerato y dos o tres años de medicina a querer desmenuzar 'El Capital'? No, el comunismo es una filosofía, una doctrina, y para ser comunista hay que ser un filósofo y tienes que meterte en unas bibliotecas del tamaño de esta casa... Lo que pasa es que ahí quieren darle en el ABC del marxismo leninismo y terminan dándose 'caché', diciendo que son comunistas... Sobacosabio, porque tienen que andar con el libro debajo del sobaco y se vuelven sabios de llevarlo debajo del brazo un mes, dos meses, tres... Pero estudiarlo, analizarlo, desmenuzarlo, ser marxista... ¡Muy difícil! Cualquier pelele que lee el ABC, decimos que es marxista-leninista..."

BP- **Pero insisto en que muchos sostienen que su postura ideológica es la más marxista...**

EP- "La más marxista... ¿entre quienes? Pero tal vez también haya algunos marxistas que digan: 'Edén, tu postura es la más marxista'. Y lo sería si pensamos en el no alineamiento en Nicaragua... Ahora el no alineamiento sería no alineamiento al marxismo. Lo que pasa es que el marxismo es una ciencia, una filosofía que te enseña a hacer justicia pero de acuerdo con las condiciones sociales y políticas de cada país. Y si en este momento Nicaragua te exige ser reformista y sos reformista, estás cumpliendo con una ley marxista en Nicaragua. Lo 'jodido' es cuando esta filosofía la aplicas al estilo soviético y según las leyes sociales, políticas y económicas de la Unión Soviética. Entonces, traspolarizas soluciones y traes la filosofía y la doctrina... ¡Te jodiste! Eso es lo que está pasando en Nicaragua. Yo no le tengo miedo al marxismo leninismo, aunque yo no soy marxista. Y te digo que yo no soy marxista no por complejos o temores, sino porque los nicaragüenses tenemos un ideario, el de Sandino, y no necesitamos importar soluciones de la Unión Soviética".

BP- **¿Cuáles son las ideas básicas de ese ideario sandinista?**

EP- "Ser sandinista es creer en pluralismo partidista, ideológico, en que todo el mundo tiene libertad de profesar la ideología que le parece mejor. El sandinismo te dice que debe haber libertad de prensa y no te dice 'Antiimperialista, defínete'... Sandinista es creer en lazos de hermandad entre los pueblos y no de opresión imperialista".

BP- **¿Cuál es la opresión imperialista?**

EP- "Depende... Para los Argentinos, Inglaterra puede ser el imperio porque se quieren adueñar de Las Malvinas, para los del Congo, el imperio es Bélgica y para los Argelinos el imperio es Francia..."

BP- **Y para usted, ¿cuál es el Imperio?**

EP- "Para mí los imperios son los Estados Unidos y la Unión Soviética. Los Estados Unidos por la política exterior norteamericana y la Unión Soviética ahora que quiere entronizarse en Nicaragua... ¡Un momento! Mientras yo tenga vida, yo lucho para parar eso.. Ni la derecha, ni la izquierda, ni Castro. En Nicaragua no deben estar metidos gringos ni soviéticos... Esto es de los nicaragüenses, para los nicaragüenses, y si peleamos es por los nicaragüenses, no por un pequeño grupo de nicaragüenses porque lo que se busca es una democracia..."

BP- **Habla de una utopía... ¿Cómo es posible que un país que no esté alineado reciba ayuda?**

EP- "Cuando luchábamos contra Somoza no estábamos alineados y recibíamos ayuda del mundo entero. No teníamos que alinearnos para seguir recibiendo la ayuda. La revolución sandinista era como la niña quinceañera de ojos azules que todo el mundo cortejaba. Ahí está la habilidad política. Pero cuando ya se decide que la viole un hombre de 30 años, ¡te hiciste papilla!.... Ya la niña de 15 años inocente se terminó. Nadie la pretende, nadie la ayuda, y la niña dejó de ser lo que era... Eso es lo que está pasando en Nicaragua... Te lo pongo gráficamente de esa manera".

BP- **¿Es usted sandinista o revolucionario?**

EP- "Ambas cosas. A mí me duele mucho cuando la prensa internacional me llama antisandinista... ¡Cuando yo soy el verdadero sandinista! Los antisandinistas son aquellos que traicionaron el ideario de Sandino. Me llaman 'contra'... Contrarrevolucionario, ¡siendo yo el verdadero revolucionario! Los contrarrevolucionarios son aquellos que han adoptado un modo de vida que va en contra de los principios revolucionarios, y yo he renunciado a todo en defensa de nuestro pueblo y de la verdadera revolución sandinista. Sandino es un hombre que nos enseñó a amar a Nicaragua: un ideario por la paz, por el amor a todo un pueblo, por la dignidad nacional. Ese es el sandinismo que pretendemos rescatar, el verdadero sandinismo. El sandinismo nicaragüense, no el sandinismo soviético. Un sandinismo de Monimbó, no de Moscú. Un sandinismo de nosotros los nicaragüenses, para los nicaragüenses, por los nicaragüenses y llevado por los nicaragüenses... Un sandinismo que... ¡Ay, por por poco te digo una barbaridad...”

BP- **Dígala...**

EP- “Le dieron las nalgas a los soviéticos. Estúpidos, imbéciles, jugando con la vida de un pueblo...”

BP- **¿Qué pasó con los comandantes, al comienzo de la revolución?**

EP- “Eran unos hombres inexpertos, que no conocían la experiencia que da el trabajo, que nunca se habían ganado un bocado con el sudor de su frente. El trabajo ennoblece y le da madurez al hombre, lo mismo que el estudio.. Y ellos no tenían ni lo uno ni lo otro... Un hombre que nunca se ha ganado el pan con el sudor de su frente, ¿cómo puede ser estadista? Los que dirigen Nicaragua pertenecen a un grupo de hombres que pasaron una vida clandestina, que pasaron luchando y siguieron clandestinos al pueblo de Nicaragua... Siguen clandestinos y no bajan al barrio a hablar con la gente. Todavía siguen sin conocer lo que es para un padre de familia ganarse el pan para sus hijos cada día. Por otra parte, el dogmatismo los ha llevado a errores. En su entusiasmo, juventud e inmadurez se dejaron arrastrar por un membrete doctrinario y quisieron aplicar el marxismo leninismo donde no había las condiciones más elementales para aplicarlo. El marxismo leninismo se puede aplicar donde hay una gran clase trabajadora obrera mayoritaria consolidada. Ellos quisieron hacer un marxismo dogmático y doctrinario en un pueblo eminentemente agrícola. De remate, le aplicaron un marxismo leninismo soviético a un pueblo que no se parece en nada ni en el carácter, ni en las tradiciones, ni en las condiciones que lo rodean a la Unión Soviética".

BP- Si el pueblo de Nicaragua no está contento, ¿por qué no se rebela?

EP- "Porque en Nicaragua hay temor, y el miedo es muy mal consejero... Hay temor de una invasión formada por exguardias somocistas, hay temor del regreso del pasado, hay temor del aparato comunista estalinista que no admite discrepancia y que está fuertemente armado".

BP- ¿Quiere eso decir que el régimen sandinista actual ya está establecido en forma definitiva en Nicaragua?

EP- "A mi juicio, al final, será el pueblo el que decidirá... Yo tengo fe en ese juez inequívoco que es el pueblo de Nicaragua".

BP- ¿Cómo cree que lo juzgará al final el pueblo de Nicaragua?

EP- "La historia le da su lugar a los hombres, y así la Dirección se empeñe en borrarme de la historia de Nicaragua, el pueblo tiene tradiciones, no olvida. Me recordarán como un hombre que luchó por la libertad y la justicia de Nicaragua".

BP- Es cierto que el Frente Sur, al que usted perteneció, no tuvo tanta influencia en el gobierno de Nicaragua porque no llegó primero a Managua?

EP- "¡Por supuesto!... ¿Cómo íbamos a llegar de primeros si fuimos los que pusimos los muertos? 580 muertos y 1.500 heridos... Nosotros fuimos los que peleamos contra las balas y los cañones de Somoza, y él nos tiró sus mejores cuadros de combate porque éramos la fuerza peligrosa para el somocismo... Teníamos una guerra y los hospitales de Liberia y San José estaban atestados de heridos sandinistas, y el pueblo de Costa Rica se portó a una altura que jamás la Dirección Nacional se dignó a agradecer... Por eso fuimos nosotros, los del sur, los que vinimos a Liberia a agradecer en una forma tímida, sin hacerlo público ante el mundo y el pueblo de Nicaragua... Nunca hubo un reconocimiento público a nivel de gobierno de agradecimiento al pueblo y al gobierno de Costa Rica por la ayuda que nos prestó ese gran pueblo".

BP- ¿Esa solidaridad de Costa Rica no está reñida con su tradicional neutralidad?

EP- "Costa Rica no se puede sustraer a los problemas de Centroamérica porque necesariamente afectan a Costa Rica. ¡Cualquiera se da cuenta que los refugiados políticos ya no caben en Costa Rica! Llegan todos los días. Sin embargo, muchos 'ticos' están borrachos de democracia y libertad, y creen que el totalitarismo no entra en Costa Rica porque hay una frontera. Pero una frontera no es más que una raya imaginaria y aquí no está la OTAN, como en Europa, para detener al totalitarismo, ni la situación económica de Costa Rica es la de Europa. Pues bien, algunos 'ticos' se asustan porque el Comandante Cero está acá y creen que yo les puedo traer algunos problemas... Los problemas son los que van a tener si el régimen totalitario marxista de Managua se afianza y empieza a buscar la forma de expandirse..."

BP- **Según eso, ¿es cierta la teoría de que Carazo lo ayudo para defender el país?**

EP- "Sí, es cierto... Carazo nos ayudó por un sentimiento de solidaridad con el pueblo nicaragüense, pero al hacerlo también defendió a Costa Rica. Desgraciadamente el sacrificio de Carazo no se concretó porque toda la ayuda de Costa Rica, Panamá, México, ¡el mundo entero!, fue aprovechada en beneficio de unos pocos que son los que detentan el poder en Managua. El pueblo nicaragüense sigue sufriendo, y la represión es aún mayor que antes".

BP- **¿Cuáles fueron las diferencias ideológicas suyas que hicieron que la Dirección Nacional lo condenara al ostracismo?**

EP- "Todo empezó con los brinquitos de Tomás Borge y Daniel Ortega hacia Cuba. Querían plagiar en todo a los cubanos, hasta en la forma de hablar. Y el modelo de Cuba no es el mejor para el pueblo nicaragüense... Tampoco me gustó que no hubieran criticado la invasión rusa a Afganistán. No me gustó que no hubieran entablado relaciones con la China Popular, el país más poblado de la tierra... ¡Desconocerlo es como dejar de pensar que la tierra es redonda! Tampoco me gustó el alineamiento, la importación de armas soviéticas, la censura de prensa, la política militarista y armamentista de la dirección con el argumento de que la defensa de la revolución era militar y no política. Tampoco estuve de acuerdo con la falta de pluralismo político, de libertad religiosa y libertad de prensa... Tampoco estuve de acuerdo con los carnets... En fin, ¡ya no me gustaba nada de lo que iban haciendo!"

- **Ahora, hablemos de Fidel Castro...**

EP- "De Fidel Castro deben hablar los cubanos. Los de adentro y los de afuera. Los que pueden hablar. Yo hablo de Nicaragua y de los nicaragüenses".

- **¿Qué opina de Fidel Castro?**

EP- "Que no se puede desconocer que, para bien o para mal, es un líder. Es un hombre de un gran carisma... Y cuando habla de Cuba lo hace como si estuviera refiriéndose a una parte de su propio cuerpo. Le agradezco la ayuda del pasado. Pero por lo que le está haciendo a Nicaragua, lo mataría, como seguramente lo harían los cubanos".

- **Cuántas veces ha estado en Cuba?**

EP- En el pasado, varias veces. La última vez estuve cuatro meses seguidos...

- **Dicen que lo tenían a usted "encerrado" para que no volviera a Nicaragua. Que lo tenían en una jaula de oro...**

EP- "La Dirección Nacional le estaba pidiendo a Fidel que me detuviera, que me entretuviera en las playas de Cuba. Me tenían en las mejores playas, me moví por las playas, iba a los 'night clubs', tenía buenas viandas, buenos vinos, un Mercedes Benz... y tenía una gran residencia. Yo decía: quiero volver. Y ellos me entretenían. Que no, que te esperes que viene una visita importante, que mira que vamos a hacer esto y aquello... Y así nunca me daban la salida".

- **¿Y usted no se quejó?**

EP- "A quién me le iba a quejar? ¡No había nadie a quien quejársele ahí!"

- **Entonces, ¿Cómo es que pudo salir?   ¿Lo ayudó Torrijos?**

EP- "No, no fue Torrijos porque entonces Torrijos ya había muerto. Pero el Estado Mayor de Panamá ya los estaba presionando, ya estaban comentando en la prensa internacional que los militares panameños me habían entregado a Castro y que yo estaba preso en Cuba. Entonces el Estado Mayor de Panamá se dio cuenta de que eso le podía ocasionar un costo político al gobierno revolucionario y me tuvo que dejar salir cuando llegó por mí Martín Torrijos, el hijo del general Omar Torrijos. En Cuba también se daban cuenta que reteniéndome en las playas yo les estaba haciendo un problema a los cubanos".

BP- ¿Cuál fue la actitud de Fidel Castro... su actitud personal?

EP- "Fidel no es como lo pintan. Yo he hablado varias veces con Fidel y ¡qué interesante es escucharlo! Por ejemplo, basado en la experiencia cubana, Fidel no era partidario que impusieran en Nicaragua la tarjeta de racionamiento. Y los comandantes de la revolución nicaragüense, a pesar de todo, la impusieron. Fíjate que nos dijo esto: ¡Mejor que se mueran unos cuantos miles de hambre. ¡No cometan ese error! y Nicho Marenco, el Ministro de Comercio Interior, va con la tarjeta, insiste con la tarjeta, y sigue con la tarjeta ¡hasta que impusieron la tarjeta de racionamiento! Y así van con el racionamiento del azúcar, y del aceite, y con la pasta de dientes, y con el papel sanitario, ¡y van jodiendo todo! También les recomendó que se manejaran bien con los gringos, que tuvieran paciencia e inteligencia. Y, basado en su propia experiencia con los soviéticos, Fidel dice: ¡No lleven esos tanques. Tienen un costo político...! Hubo un momento que a mí me pareció que Fidel boicoteó la llegada de los tanques. Entonces sale Humberto (Ortega) el 19 de julio en carrera a La Habana a reclamarle. Yo me imagino que Fidel debe haber dicho: 'Coño, ¡jódanse! Metan esos tanques y van a ver el precio político que van a pagar con eso'. Por ejemplo, cuando yo voy a salir, Fidel me llama. Hablo una hora con él y me dice: 'Edén, vas ya a desarrollar tu proyecto nacionalista'. Y conocedor de los problemas que yo he tenido desde un principio con la Dirección, me aconseja: 'No te confrontes con la Dirección. No hagas esto, no hagas lo otro, sé más inteligente que nunca, sé más político que nunca, sé más diplomático...' Pero ese no es el Fidel que las gentes conocen. La gente piensa que Fidel está de acuerdo con todo lo que pasa en Cuba, y no saben que tal vez no ha querido pagar el precio político que se le ha impuesto".

BP- Pero tú no estás de acuerdo con Fidel...

EP- "Bueno, para ilustrar gráficamente lo que pasó con Fidel, con los cubanos, la mejor manera de compararlo es algo así como un hombre que se ofrece a ayudarte a reconstruir tu casa pero después se queda viviendo en ella... Se aprecia la ayuda, Pero cuando después empieza a dar órdenes y hacerle el amor a tu mujer, ha llegado el momento de pedirle que se marche de tu casa".

BP- ¿Si Fidel Castro no estaba de acuerdo con los tanques, las tarjetas de racionamiento y otras cosas que él no apoyaba y sabía que usted compartía su opinión, ¿por qué Fidel Castro no lo apoyó?

EP- "¡Ahhh! Porque, definitivamente, el hilo se rompe por donde es más débil. Entre las relaciones con un estado y con un individuo, generalmente se van a favor del Estado. Pero Fidel ya tuvo la experiencia con los soviéticos, y tal vez comprenda mi posición de que en Nicaragua no se meta Moscú ni Washington. Y por eso yo le he pedido a Fidel públicamente que se lleve los asesores militares cubanos que todavía quedan en Nicaragua. Pero algún día llegaré a Nicaragua y sacaré a patadas a los asesores cubanos de Nicaragua. Y si es necesario pelear, pelearé contra los cubanos en Nicaragua".

BP- ¿Existe alguna diferencia entre los dirigentes cubanos y los nicaragüenses?

EP- Indudablemente en lo ideológico hablan el mismo idioma. Y además pretenden que los pueblos hablen en el mismo idioma. Son los mismos 'slogans': 'Poder popular'. 'La marcha hacia la victoria no se detiene', 'Venceremos al imperialismo yanqui, enemigo de la humanidad', 'Patria o muerte'. Por supuesto, jamás dicen 'Patria y libertad'... Pero en lo moral, en lo particular, ellos al menos tienen moral revolucionaria".

BP- Bueno, ese concepto no lo había oído jamás... ¿Qué es moral revolucionaria?

EP- "La moral de un revolucionario es aquella moral consecuente con lo que predica el revolucionario. Es aquella moral que nos obliga a llevar una conducta revolucionaria acorde con lo que predicamos y acorde con el modo de vivir de nuestro pueblo. Es aquella moral que nos obliga a ser rectos, austeros, trabajadores, sacrificados amantes de nuestro pueblo. Que nos hace bajar hasta nuestro pueblo, hablar con el pueblo y vivir con el pueblo. Convivir con ellos para oírlo y hacer que nos oiga. Es esa moral que nos lleva a conocer a nuestro pueblo y que el pueblo nos conozca. Es aquella moral que nos obliga a no tener lo que el pueblo no tiene. Es aquella moral que nos obliga a no tener lo que el pueblo no tiene. Yo le voy a pedir al gobierno revolucionario de Cuba que se lleve a todos esos asesores militares, ¡que ya nos ayudaron bastante! (Lo dice con ironía) Si algo nos sobra, son asesores militares. Lo que falta son asesores morales que les enseñen a los comandantes de la revolución como debe comportarse moralmente un comandante de la revolución".

BP- Pero volviendo al caso de Cuba... ¿Qué son esos Mercedes ven frente a las casas de sus dirigentes?

EP- "Mire, son unos Mercedes Benz que usan para protocolo. Pero, en cuanto a los dirigentes cubanos, yo vi el carro en el que andaba Piñero, un Lada, un Fiat soviético. Vi el carro en el que andaba Raúl Castro, un Alfa Romeo. Y a los generales Séneca y Furri los vi andar en Fiat Soviético. A Almeida lo vi en un Lada... Esas cosas es bueno decirlas porque hay que ser honrado, esos dirigentes cubanos viven con bastante modestia y eso les da la autoridad moral frente al pueblo. Todo lo contrario a los comandantes de la revolución nicaragüense que viven en mansiones".

BP- ¿Pero no pueden ellos decir que esas mansiones son una necesidad de protocolo como las que hay en todos los países del mundo?

EP- "Es que esas mansiones no son para el protocolo. ¡Son para su vida personal, donde viven con sus mujeres y sus hijos! Si a mí me dijeran que esos Mercedes Benz de Nicaragua los tienen para el protocolo, para atender a las delegaciones internacionales, ¡Bienvenidos! Ojalá fuera así. O que las mansiones que la gente deja, las ocupen para el protocolo, como en Cuba... Yo vi el Vedado, esa zona residencial que dejaron y que les quitaron, y todas esas cosas... La mayoría, las usan para el protocolo y tienen su Mercedes Benz negro y su chofer. Pero en Nicaragua estas mansiones las ocupamos nosotros para vivir con nuestras mujeres, con los Mercedes Benz, y los pianos de cola y las piscinas, y las casas de veraneo, y todas esas cosas. Contra eso es lo que yo me pronuncio. ¡Contra esa moral! Y ellos son incapaces de contestarme. ¿Cómo me van a contestar?... ¿Qué explicación van a darle al mundo de la vida fastuosa que llevan?... Yo invito a los reporteros internacionales, prensa, radio, televisión, para que entrevisten a los comandantes de la revolución nicaragüense en sus casas. Que no lo hagan en las oficinas, sino en esas casas con piscinas, con varios Mercedes Benz. Veintisiete Mercedes Benz tiene Tomás Borge. ¡Veintisiete Mercedes! Porque sus hijas andan en sus Mercedes Benz, y sus hijas tienen los tocadores para arreglarse, se embellecen solamente con cosméticos y perfumes extranjeros. ¡Y mientras tanto, por decreto, someten al pueblo a la tarjeta de racionamiento! Porque la revolución tiene dos enemigos poderosos: el imperialismo y la carcoma del vicio, del oportunismo. Todo ese lastre que aguantamos. En Cuba hubo ese peligro, pero hubo un comandante que mandó parar eso y tenía varios comandantes a su alrededor con mística, aunque ideológicamente estén equivocados o no. No nos metamos en lo ideológico, pero en la conducta personal, es distinto. Por ejemplo, ¿cómo no voy a admirar al Ché Guevara? Aunque haya sido por una filosofía o doctrina equivocada... un hombre que se va a morir defendiendo lo que él pregona, lo que él predica. ¿Quién no sabe dónde vivía el Ché? Yo sí. Yo vi la casa donde vivía el Ché. Una casa modesta, ¡como mi casa Costa Rica! Una casa digna para un dirigente donde no va a pasar con lujo y fastuosidad, pero tampoco con privaciones. Estos muebles de mi casa son modestos, pero aquí se pueden sentar Reagan, Andropov, Carter, Felipe González, ¡cualquier 'jodido' grande o pequeño'. Y esas son las cosas que yo le condeno a la Dirección, y no me han contestado. A no ser con falsedades, con mentiras, con calumnias y con amenazas de muerte".

BP- Hablemos ahora de los Estados Unidos. ¿Qué dice usted de los Estados Unidos?

EP- "¿Del pueblo norteamericano? Que es un pueblo honesto, bueno, compasivo, trabajador. Pero también es un pueblo ingenuo. De sus dirigentes puedo decir que los Estados Unidos son un país que carece de líderes. En los Estados Unidos no hay líderes, sino intereses. También hay grandes círculos de poder. Tenemos al presidente y su círculo, al Congreso y su círculo a la prensa y su círculo -que hizo picadillo a Nixon-, la CIA y su circulo, el del

Departamento de Estado, el de los Kissinger-Rockefeller, el de los Kennedy .
Y nunca se unen por ideales sino por intereses. Por eso los Estados Unidos
son un imperio en decadencia, porque sus líderes luchan por defender sus
posiciones, no por razones ideológicas. Cada grupo busca a alguien que lo
represente, y bien escogen a un actor o a un granjero o a alguien que tenga
una buena sonrisa, que proyecte una buena imagen y cuya esposa tenga un
físico aceptable. En cambio, en la Unión Soviética tienen veteranos en el
poder, que conocen la política por muchos años y que cuando llegan al
Politburó se las saben todas..."

BP- ¿Dónde piensa buscar aliados para su lucha?

EP- "En países hermanos como Costa Rica, Panamá, Venezuela, los países
del Pacto Andino... Nuestros aliados están preferiblemente en los países
tercermundistas, pero también en los países europeos. En Francia, Alemania,
Italia, España. Nuestros aliados deben ser los de la Internacional Socialista...
que se identifica mucho con nuestros principios democráticos. Se puede vivir
independientemente de las dos grandes potencias, teniendo al mismo tiempo
las mejores relaciones con los Estados Unidos y la Unión Soviética... Como
ellos se entienden muy bien y se reparten el mundo, y hablan de sus bombas
de neutrones y de sus bombas atómicas, y unos y otros van a Europa
Occidental, y los dos tienen un teléfono rojo, una línea roja, y se saludan
todos los días: '¿Cómo amanecieron?' y '¿Cómo va el catarro?' Y se cuentan
los chistes de moda... ¿Por qué vamos nosotros a pelar con uno de ellos?, ¡Si
ellos se llevan tan bien y se reparten el mundo! ¿Verdad que es estúpido
tomar partido en esta guerra Este-Oeste, de dos titanes... ¿Para qué? Para que
uno de ellos me ponga un pie encima por idiota y salga yo destripado... y
ellos, mientras tanto, entendiéndose bien?"

**BP- La situación política que usted enfrenta actualmente lo dice con
claridad: o se une al Frente Democrático Nicaragüense, FDN, o no tendrá
ayuda para su causa... ¿Por qué insiste en mantenerse al margen del
FDN?**

EP- "Porque no se puede mezclar a revolucionarios, a elementos progresistas,
a hombres honestos, con elementos contrarrevolucionarios... hombres

deshonestos, oportunistas y enemigos históricos del pueblo. No se pueden mezclar en un mismo costal revolucionarios progresistas con momias y gorilas de la guardia nacional. Y no me refiero a individuos o personas, sino a la Guardia como institución. Además, se pretende mezclar en un solo costal conceptos y personas que son antagónicos e irreconciliables. Jamás me voy a prestar para que nadie utilice mi figura, es producto del sacrificio de todo el pueblo de Nicaragua y de la cual solamente el pueblo de Nicaragua es dueño. Pero quiero dejar bien claro que mientras la genocida Guardia Nacional siga siendo un instrumento de amenaza para el pueblo y su revolución, jamás se podrá recuperar el verdadero y auténtico sandinismo. Esos elementos solamente seguirán siendo un horrendo círculo vicioso de la muerte entre el totalitarismo de derecha y el totalitarismo de izquierda".

BP- **Pero Somoza ha muerto... ¿por qué sigue usted hablando de Somoza?**

EP- "Porque el somocismo no es Somoza. El somocismo no es la familia Somoza, ni dos, ni tres, ni cuatro o cinco generales. El somocismo es un hábito, una costumbre, es el entreguismo, la venta del pueblo, el crimen, la persecución política, la falta de libertades democráticas. Por eso digo yo que lo que está practicando Nicaragua es otro somocismo. No es el sandinismo porque el sandinismo es la antítesis de lo que se está practicando ahora en Nicaragua, y también del somocismo. Es compatible la política con los ideales cuando se defienden con honestidad. Desafortunadamente, hasta ahora eso no se ha dado en Nicaragua".

BP- **También le ayudó Kadaffi...**

EP- "Sí. Me ayudó todo el mundo. ¡Hasta Kadaffi!"

BP- **Pero tengo entendido que la ayuda de Kadaffi no era para Nicaragua...**

EP- "Yo quería que la Dirección Nacional me dejara luchar con los guatemaltecos y no me permitieron hacerlo al final. Pero antes de que me pusieran los obstáculos fui a Libia y le expuse a Kadaffi un plan logístico para los guatemaltecos. Nos reunimos en una tienda en el desierto y Kadaffi me dio cinco millones de dólares. Entonces la Dirección Nacional llamó a los guatemaltecos y les dijo que no aceptaran eso porque entonces yo iba a tener poder económico, ese poder económico me daría poder político y además también iba a tener poder militar sobre ellos. Les dijeron a los dirigentes de ORPA que sumados esos poderes a mi personalidad, los iba a eclipsar. Les tocó el amor propio para que los guatemaltecos no aceptaran los cinco millones. Sin embargo, entre las actividades que yo alcancé a realizar en favor de los guatemaltecos, estuvo intentar repetir lo que yo ya había hecho en 1970. En aquel entonces armé un equipo de gente y nos pusimos a comprar armas y trasladarlas hasta Nicaragua. Alcanzamos a llevar entre 80 y 100 equipos desde Estados Unidos hasta Nicaragua. Así que cuando llegué a México me puse a realizar lo mismo y conseguí meterles a los guatemaltecos algún armamento y equipo de comunicaciones, y les abrí apoyo político de sectores de México que antes no tenían. Fue entonces cuando la Dirección Nacional presionó a la dirección de ORPA y les dijo que o trabajaban conmigo o con la Dirección Nacional. Ellos decidieron que era mejor trabajar con el poder y los recursos de un estado y así fue como cedieron y se apartaron de mí".

BP- ¿Qué hizo después?

EF- "De México y Guatemala regresé a Nicaragua. De ahí seguí a Panamá para hablar con Torrijos y tratar de hacer conciencia en la Internacional Socialista para el apoyo a la gente de ORPA. De ahí pasé a Cuba y los países árabes. Después estuve como cuatro o cinco meses sin salir de Cuba, regresé a Panamá, y volví a Nicaragua".

BP- No entiendo... ¿Es partidario de la no intervención de unos países en otros? Si es así, ¿por qué estaba pensando en intervenir en Guatemala?

EP- "¡Ahhh!, porque yo no soy país, yo no soy gobierno. Ja, ja. Como persona yo puedo hacer lo que quiera sin la intervención de un país en otro

BP- Según eso, los cubanos y los soviéticos podrían decir: 'Esto es una iniciativa de fulano o zutano', y entrarían a intervenir de esa forma...

EP- "Bueno, en el caso mío era iniciativa mía y nadie tenía que meterse en nada. Era voluntad mía incorporar a otro movimiento, y no era ninguna política de ningún gobierno, ni era política de intromisión de ningún estado".

- **Cuando Kadaffi le dio el dinero ¿le impuso condiciones?**

EP- "Bueno, a mí me lo ofreció sin condiciones. Me dijo que me llevara los cinco millones... Pero eso no se pudo manejar por voluntad de la Dirección. Kadaffi es un árabe que maneja una situación característica de los árabes, sus costumbres son distintas de las nuestras, y lo mismo su idiosincrasia y su religión".

- **¿Cuál era su propósito al vincularse a la guerrilla guatemalteca. No me hable de su amor por el pueblo guatemalteco... Yo quiero saber cuál era su objetivo personal.**

EP- "Yo quería refugiarme en algo que fuera revolucionario, ante la frustración que sentía por la traición a mí pueblo. Ese era el objetivo fundamental, estratégico. Como en Nicaragua no podía ver una verdadera revolución, busqué en Guatemala lo que en Nicaragua no había podido encontrar. Yo sé de algunos comandantes que tuvieron un papel en la guerra de liberación, que lucharon de verdad, y que al ver la traición al pueblo buscaron refugio en el alcohol. Pero yo no voy a decir nombres. Solamente diré que busqué refugio en el internacionalismo sandinista y creí que esas cualidades se reunían en ORPA, que, como su nombre "Orpa", es autóctono, de un volcán guatemalteco, Organización Revolucionaria del Pueblo en Armas. No Frente de Liberación de ningún lado, como tantos movimientos con nombres trillados en el continente. Ellos se han desarrollado solos, han peleado solos y no siguen lineamientos de nadie. Además, yo creo que ORPA es la organización guerrillera revolucionaria más madura, más centrada, más pragmática y conocedora de la realidad de los pueblos de Centroamérica".

- **¿Tuvo también alguna vez contacto con los guerrilleros salvadoreños?**

EP- "No. Conocí algunos líderes, pero fue superficial".

- **¿Había algún apoyo de los sandinistas a los rebeldes salvadoreños?**

EP- "Apoyaban su punto político, como apoyan a cualquier grupo rebelde en el continente. Pero no sé si militarmente existió ayuda".

- **¿Está seguro?**

EP –"Sí, si tuviera algo que decir, lo diría".

BP- También se dice que en su relación con ORPA y otras organizaciones guatemaltecas hubo discrepancias...

EP- "Es que la situación no es tan sencilla dentro de la lucha armada. En ella se dan dos corrientes: una dice que lo militar está por encima de lo político y otra sostiene que lo político está por encima de lo militar. En Nicaragua practicamos durante quince años la teoría de que lo militar está primero, y fracasamos. Entonces iniciamos un manejo político que nos proporcionó la logística para hacer una guerra. Por más valor físico que se tenga, por mas autoridad moral que exista, por más buena voluntad que haya, así no se puede hacer una guerra, porque sin un manejo político no pueden llegar los fusiles a los combatientes. Esa fue la tendencia que nos llevó al triunfo contra Somoza. Pero los que no son terceristas, como Bayardo Arce, Tomás Borge, Jaime Weelock, que sustentan la tendencia de un proletariado armado, y la GPP se opusieron a ella. Y cuando al fin nos pusimos de acuerdo en México, Tomás, Bayardo y otros presionaron a ORPA para que no aceptara mi ayuda".

BP- ¿Cree usted en una línea única política?

EP- "Claro que yo tengo mis ideales, y estoy convencido de lo que pienso y digo. Definitivamente, yo creo en la democracia. Por eso aunque, practico una línea única política, siempre consecuente con mis ideas, defiendo la democracia política".

BP- Pero para ejercer una democracia política hay que tener madurez política. ¿Puede haber madurez política en Nicaragua, un país acostumbrado a pensar en la línea política de dictaduras por más de 50 años?

EP- "Por supuesto que Nicaragua está preparada para la democracia política. Esa madurez se adquiere en el hogar y tiene sus raíces históricas en el pueblo. A pesar de tantos años de dictadura, el pueblo nicaragüense sigue luchando contra la opresión, contra el totalitarismo, contra la tiranía, contra la explotación, contra el intervencionismo extranjero, venga de donde venga. Los nueve han amordazado a 'La Prensa', se ensañaron en ella con más fuerza que Somoza. Y el pueblo sigue esperando que en Nicaragua exista libertad de prensa".

- **Entonces ¿por qué el pueblo no tumba a la Junta, a los nueve?**

EP- "Porque el pueblo no es suicida. Con todo el aparato militar que tienen montados los comandantes de Managua, es imposible tumbar esa dictadura sin ayuda militar".

- **¿Es posible una invasión norteamericana a Nicaragua?**

EP- "Yo no creo que en los Estados Unidos, en el Departamento de Estado ni en el Pentágono, exista un politólogo o un militar que se atreva a invadir a Nicaragua. Porque si están bien informados, tienen que saber que el pueblo está poderosamente armado. No tienen poderío militar, que está en manos de los comandantes de Managua, pero ese pueblo que si tuviera apoyo para tumbar al gobierno lo haría, no está dispuesto a admitir una invasión. El costo político de una invasión es demasiado grande y los norteamericanos no se van a meter en eso. Yo no descarto totalmente la posibilidad de una invasión, pero sinceramente no creo que los americanos se arriesguen a invadir".

- **¿Qué opinó usted de la invasión a Granada?**

EP- "Yo por principio me opongo a cualquier invasión, bien sea de los soviéticos a Checoslovaquia, o de los norteamericanos a Nicaragua. Pero recordemos que Nicaragua ya está controlada por los soviéticos, los búlgaros, los cubanos y todos esos colorados de todo el hemisferio. ¡Es una salsa de tomate! Y si hablamos de Granada, antes de que llegaran los norteamericanos ya había en Granada una invasión. Yo quiero que usted escriba todo lo que yo estoy diciendo. No sea que me pase como cuando me entrevistaron después de la invasión de Granada en Miami, y los periódicos titularon – 'Edén Pastora condena invasión de Granada'. ¡Pero si Granada ya estaba invadida...!"

-**¿Usted habla de una invasión comunista en Nicaragua?**

EP- "Por supuesto que existe. Fidel Castro dijo una vez que esperaba poder desayunar en Managua, almorzar en El Salvador y cenar en Guatemala. Por ahora está desayunando, almorzando y cenando en Managua. Y el resultado de la invasión de cubanos, búlgaros y soviéticos es sorprendente, ¡aun para los terribles estándares de vida de América Latina! Porque lo que hay en Nicaragua es una revolución con el 30 por ciento de desocupados, el ejercito más grande de América Latina, una revolución con más mendigos, putas y tugurios que nunca, una revolución sin leyes, sin constitución, una revolución alineada sin condiciones, una revolución descalza, sin medicinas y hambrienta. Definitivamente, esa revolución no fue la que soñamos en todos esos años de lucha en las montañas. Esa revolución es un monstruo que los que luchamos en las montañas, los terceristas, no concebimos".

BP- ¿No están ayudando los norteamericanos a eliminar esa amenaza comunista?

EP- "Sí, dan la ayuda con cuentagotas. El presidente está maniatado y los congresistas, por política interna de su país, deciden no apoyar la lucha contra la nueva dictadura marxista leninista. Pero también quienes apoyan la lucha armada tienen un problema: quieren imponer condiciones. Señalar a dedo los líderes de la lucha, eliminar a los que no les convienen ¡sin importarles que el precio sea el retroceso de esta guerra! Yo siempre he creído que a Nicaragua la negociaron los norteamericanos y los comunistas en Manzanillo. Allá, en esa reunión de México dijeron: 'Vos me quitás esto y esto, y yo te permito esto y aquello'. Además, existe mucha gente que no quiere que esta guerra se gane, porque no les conviene. ¡Es un problema complejo y jodido! A mí, porque no estuve de acuerdo con unirme al somocismo, y no digo FDN, sino somocismo porque yo tengo amigos entre la guardia nacional, como Levy Sánchez, que fue general de Somoza, un gran hombre, pero que formaba parte de la Guardia Nacional. Inclusive, Levy me salvó varias veces la vida. Pero los Estados Unidos quieren imponer algunos cuadros de la Guardia, somocistas, que nos persiguieron durante la guerra contra Somoza, que eran asesinos, malos... Contra la Guardia como institución es que no estoy de acuerdo. Y por eso me compraron a mis hombres, que tenían mujer e hijos y veían que por la politiquería y los cuentagotas de Estados Unidos no llegaríamos a nada. También permitieron que en Costa Rica me quitaran todo mi equipo de radio, con el que me comunicaba con la gente de adentro y con todo el pueblo de Nicaragua. Se gastan millones en Radio Martí, y permiten el desmantelamiento de una estación de radio que me permitía a mí, no como un comandante rebelde sino como héroe de la revolución, comunicarme con ese pueblo que aún me admira, que aún sabe que Edén sigue consecuente con su política, que año tras año sigue la misma línea. Por lo menos, cualquiera sabe qué piensa, qué dice y que dirá Edén Pastora, porque mi vida siempre ha seguido un lineamiento. En cambio, otros líderes, como Alfonso Robelo, un día representan la empresa privada, y al día siguiente, cuando les conviene, dice que no habrá empresa privada, y van detrás del poder por el poder, por los buenos hoteles, la buena vida".

BP- Pero a usted lo ayudaron...

EP- "Claro que lo hicieron. Fue algo así como ayudarle a un hombre para su casorio. Pero deciden imponerle una novia fea, perversa, vieja y puta ¡ Qué barbaridad!"

BP- ¿Por eso renuncian ahora los dirigentes de UNO?

EP- "Esa es la impresión que tengo... Pero, fíjese, cuando yo denuncié la situación que se estaba presentando, Edén era un inconforme, un guerrerista, un lunático. En cambio, al renunciar Calero Portocarrero, los congresistas declaran que eso es una deshonra, y lo comparan con George Washington".

6

Adiós a las armas...

Tiene una gran seguridad en sí mismo y una gran confianza en sus allegados. Pero cuando se trata de un extranjero, puede ser exageradamente receloso... Más de una vez perdí la paciencia cuando, en la mitad de una conversación, ante una pregunta que le parecía poco corriente me espetaba: "Vos sos CIA". En una ocasión fue tal mi enojo, que en tono conciliador corrigió: "No, vos sos de la KGB..." y en seguida soltó una carcajada.

La primera vez que logré entrevistarlo, me costó más de 600 dólares en llamadas telefónicas. No fue fácil encontrarlo, refugiado en la clandestinidad de un exilio. Finalmente, logré comunicarme con uno de sus contactos con ocasión de la toma del poder del ex presidente de Costa Rica Luis Alberto Monge. Mientras tomaba apuntes y sacaba a relucir mi grabadora en las conferencias de prensa con los dignatarios visitantes, me carcomía la impaciencia el darme cuenta que los días iban pasando y el héroe sandinista continuaba sin darle luz verde a la entrevista.

Cuando faltaba apenas un día para mi regreso a Miami, accedió a responder mis preguntas en una casita de una zona suburbana de San José, donde estaba viviendo con su familia. "Aquí vive el 'Comandante Cero'", me dijo al entrar. "Es una casa sin lujos, pero en esta sala se puede sentar cualquier dignatario por grande o pequeño que sea. No tiene los lujos de las casas de los comandantes de Nicaragua, pero es que ellos sí viven en contradicción con la austeridad que le imponen al pueblo..."

De vez en cuando, surgía calladamente de detrás de la puerta llevando una taza de café, Yolanda, su mujer desde hace más de diecinueve años y madre de sus ocho hijos. Años más tarde también llegaría al hogar un nuevo miembro: un indígena misquito adoptado por la pareja.

En aquel entonces Edén Pastora parecía desear contarle a todo el que quisiera escucharle, su desesperación por el giro que habían tomado las cosas en Nicaragua. No intentaba reprimir esa mezcla de ira y dolor que se reflejaba en cada una de sus palabras. Ágil conversador, ilustraba sus comentarios con movimientos de las manos y luego trataba de indagar si yo había comprendido el significado de sus palabras.

Regresé a Miami y le entregué el artículo a Arturo Villar, quien entonces era propietario y director de la agencia noticiosa ALA. Diecisiete periódicos adquirieron los derechos: El Universal de Caracas, El Comercio de Lima, La Prensa de Honduras, el Diario de las Américas de Miami, La Opinión de Los Angeles, Diario/La Prensa de Nueva York, El Porvenir de Monterrey, México, El Heraldo de México, Hoy de Bolivia, El Día del Uruguay, La Tercera de la Hora de Chile, El Mundo de Puerto Rico, El Comercio de Quito, El País de Cali, El Heraldo de Barranquilla, Listín Diario de la República Dominicana, La Estrella de Panamá y posteriormente fue publicado también por Semana de Brasil.

El interés que despertó la entrevista me animó a continuar reportando sobre la guerra en el sur de Nicaragua y la lucha del "Comandante Cero". Este libro es fruto de cinco años de trabajo y de incontables horas de grabación con el héroe rnicaragüense que a veces parecia frustrado de la falta de apoyo que encontraba en su lucha por parte de Washington. Tal vez por eso algún tiempo depués, el deseo de tener un hogar normal y ver el fracaso de los esfuerzos por liberar a Nicaragua lo llevaron a regresar mediante un acuerdo con Ortega. Esta es una entrevista realizada años antes de pactar su regreso.

BP- ¿Se retiró?

EP- "Me retiré".

BP- ¿Es decir que ya no piensa en la libertad de Nicaragua?

EP- "¡Cómo no voy a pensar! Pero tengo demasiados enemigos... Me atacan los comunistas, me ataca la KGB, me ataca la CIA, me atacan los ultraderechistas, ¡Todos me atacan! Me quiere matar todo el mundo".

BP- Entonces es un guerrillero retirado...

EP- "No, siempre seré un guerrillero activo. Pero veces las circunstancias no permiten hacer nada... En el pasado fui pescador de tiburones, en Barra del Colorado. Nuevamente soy pescador de tiburones".

BP- ¿Seguirá asilado en Costa Rica?

EP- "Sí, con mi familia. Costa Rica siempre ha sido una nación generosa conmigo, me gusta... Además, hasta aquí me llega el olor de mi tierra, de Nicaragua".

BP- Antes montó su pequeña empresa pesquera en el Atlántico. ¿Por qué ahora lo hace en el Pacífico?

EP- "Porque hay más pesca".

BP- Eso del Comandante Cero retirado no se lo cree ni usted mismo...

EP- "Pues hay que creerlo. Me retiro. Menos mal que el Negro Chamorro dijo que iba a liberar a Nicaragua tan pronto yo me retirara... Eso fue en mayo de 1986. ¡Qué prodigio! Y eso que es alcohólico... Al negro yo le tengo cariño y lástima. Más aun, tanto cariño le tengo que me he jugado la vida por él. Yo le golpee la mesa a Oscar Pérez Casares en el Frente Interno. ¡Y golpearle la mesa al Frente Sandinista de Liberación Nacional, con todo su séquito... ¡Allí había que tener huevos! Yo dije: 'El negro sale de la cárcel, se pone en la lista o se para el operativo'. Eso todo el mundo lo sabe... Mas tarde   le golpee la mesa a la CIA en Honduras. Querían... Mejor hablo de lo que le dije yo a la CIA: 'Usted me responde por El Negro o hago público lo que me han dicho. Después, voy con mis aviones a traerlo a Honduras, cuando le quitaron todas las armas después que se tomó el Pin... Además, le quitaron toda la gente... También, cuando en Costa Rica se estaba muriendo de hambre, yo le doy la mano al Negro . Pero el Negro tiene mala memoria... Antes de todo esto, cuando me entero de que van a matar al Negro en la cárcel de Nicaragua, le paso avisando que se salga. Yo me salgo y el negro también lo hace al día siguiente de mi salida. Yo le tengo cariño al Negro. Pero también pienso que tiene razón para atacarme... (Lo dice con ironía). Además, quisiera que alguien me dijera qué ha hecho el Negro después del 11 de noviembre de 1960... ¡Beber whisky! Nadie puede decir que el Negro ha hecho tal o cual cosa después de esa fecha. Tampoco lo vi jamás en la montaña, viviendo una semana o un mes, o un año, como hicimos los demás en la lucha contra Somoza. Es más, durante la guerra contra Somoza yo le mandé dos cohetes de bazucas 3.5 que le entregó el Frente Interno. Le mandaron lanzar los cohetes, y el Negro se dejó agarrar... También durante la guerra contra Somoza, le entregué 500 armas. ¿Qué hizo con esas armas? Le envié dos carros con los primeros AR18O y AR15. Que me diga el Negro qué hizo... Entonces tiene razón en hablar mal de mí y atacarme".

BP- Entonces no cree en el futuro de la lucha del Negro Chamorro...

EP- "Pero, ¿cómo? Como vamos a derrotar el comunismo en Nicaragua. La Dirección tiene a Javier Pichard. ¿Quién es Javier Pichard? Un valiente que se subió a la Colina 155 y se pasó 13 días y 13 noches peleando contra la guardia. También se afianzó combatiendo en Ostayo y en la Zona 12, cuando el operativo del Palacio salió de la cárcel después de no sé cuantos años en prisión... Además, es un ingeniero de matemáticas, profesor de universidad. ¡Ese es el ′comandante′ Javier Pichard! Con diez años de militancia en el Frente, es el que la Dirección tiene en la región uno, frente a los tanques, frente a 15.000 hombres con sus tanques, con las bazucas, con los cohetes... Ese es el principal comandante sandinista del Frente Sur..."

BP- Siga...

EP- "Tienen también a Francisco Rivera, 'Rubén', que insurreccionó tres veces a Estelí, tres veces se tomó a Estelí luchando contra la Guardia de Somoza. Tiene además 20 años de militancia en el Frente... ¿A quién le pueden anteponer en esta lucha? ¡A alguien que haya estado en la montaña y no codeándose con la crema y nata del poder en Washington! Además, aunque equivocados en sus ideas, tienen mística... Allí están, con todos esos años de mística hombres como Baleque Leve, Elías Noguera, Carlos Carrión... Yo no se como entonces a Washington se le puede ocurrir señalar con el dedo a los líderes que han de dirigir un pueblo... Eso ha pasado con la guerra en Centroamérica. Organizas un grupo de guerrilleros que luchan por una causa en la que creen, que tienen militancia, disciplina, que

conocen la guerra... y viene la CIA y te los compra. ¡Eso echa a perder la lucha! Porque a partir de ese momento empiezan a contar los billetes y vienen sus mujeres y les piden que se olviden de lo ideológico, que dejen que otros lo hagan... Pero sigamos con la gente de la Dirección. Tomás es un 'hijueputa', un criminal, todo lo malo que puede ser... Pero es consecuente con su misma línea política: 15 años, 20, 30... Consecuente con su manera de pensar. Vertical, nadie lo mueve. En cambio, Alfonso Robelo. ¿Qué línea tiene Robelo? Ha sido del Somocismo, del Frente, del MDN, de ARDE, de la UNO. Fue sandinista, ahora es antisandinista, fue revolucionario, ahora es antirrevolucionario. Fue empresa privada, y cuando está en el Frente les dice a los empresarios: 'Prepárense que los vamos a partir'. Pongamos a Robelo frente a Bayardo Arce que, sea lo que sea, mantiene una sola línea política. Sigamos... Adolfo Carrero Portocarrero, un administrador, que nunca supo lo que era luchar por crear una empresa privada... Arturo Cruz, que conoce mejor las calles de Washington que las de Managua y que tampoco ha sabido lo que es luchar por una empresa propia porque siempre estuvo con el BID..."

BP- **¿Por qué luchó usted sabiendo todo esto?**

EP- "No, no lo sabía. Porque los que salimos a luchar estábamos conscientes de lo que queríamos hasta que otra gente se metió en el potaje. Veamos, por ejemplo, José Valdivia salió conmigo. No era un espía de la Dirección, como mucha gente dice. José es un comunista científico que maneja el materialismo científico, pero no es dogmático en el marxismo leninismo estalinista. ¿Qué pasó con Valdivia? Que cuando vio el fracaso de la revolución, decide salir a luchar por devolver la revolución a sus cauces. Pero cuando ve que tenemos que empezar con 'Juachán' y con 'Comanche' me dice: 'No jodas, Edén, ¿con esta mierda vamos a liberar a Nicaragua? Con esto no llegamos ni a la frontera. Nos matan, yo me regreso'. Entonces es cuando los sandinistas lo declaran loco y lo mandan a un hospital siquiátrico en Alemania Oriental o Checoslovaquia, porque de acuerdo con ellos, está loco. Pero cuando yo me pronuncio en contra de la Dirección, frente a toda la prensa internacional, en Costa Rica, ellos deciden sacarlo del manicomio en el que lo tienen y lo llevan al aeropuerto. Frente a la prensa, le dicen: 'Lee esto'. Y él les dice a los periodistas: 'Voy a leer lo que aquí me dieron escrito'. Y leyó. Entonces lo mandan a hacerse cargo del ferrocarril. ¡De un cadáver!, porque eso es el ferrocarril de Nicaragua. Después de dos años lo rehabilitaron de nuevo y le devolvieron las estrellas de comandante. Ahora está de jefe militar de Rivas, Ríos, Granada, Rigalpa... toda esa zona. Es un buen militar. Empezó en 1960 su vida en la montaña, son veintitantos años... Así hay muchos, muchos 'ceros' en la guerra sandinista".

BP- **¿Por qué no regresa a la lucha?**

EP- "¿Cómo me voy a meter? Trate de entenderme bien, de leer entre palabras... Para volverme a meter en esto, yo tendría que morirme y resucitar otra vez, así, ignorante. Para no saber por qué el Embajador Tambs llegó ante un periodista político de prestigio y le dijo que yo era traficante de drogas. Tendría que morir y nacer ignorante para meterme sin saber qué pasó en La Penca... Tendría que morir y volver a nacer ignorante para no saber lo que le pasó al General Alvarez Martínez, jefe del ejército de Honduras, y el hombre más anticomunista y más pronorteamericano de Centroamérica. ¿Por qué lo quitaron? ¿Por qué mataron a Monte Rosas, el coronel del Salvador? Tendría que morir y nacer ignorante para no saber lo que pasó en Manzanillo: nos entregaron a los sandinistas a cambio de que retiraran las bases de cohetes y suspendieran el envío de armas soviéticas. Pero, mientras tanto, estamos aquí, como yo, centenares de hombres capaces que queremos luchar y no nos dejan. Hombres honestos, con mística, con patriotismo... Pero, tal vez, si yo vuelvo a nacer y me olvido de todas estas razones, de toda esta mierda política, me vuelva a meter...".

BP- **Y la lucha, ¿qué?**

EP- "Lo que están haciendo es criminal porque hay gente que por justificar dinero, está mandando matar gente sabiendo que no se va a ganar esa guerra, que no la desean ganar... Porque se puede aceptar que no se gane una guerra porque no hay capacidad para ganarla. Pero en el caso de la guerra para devolverle la democracia a Nicaragua, esta guerra no se gana porque ellos no la quieren ganar".

BP- **¿Quiénes son ellos?**

EP- "Mucha gente... Eso averígüelo usted".

ANÉCDOTAS

Audaz y temerario en la guerra, Dicharachero, alegre y con sentido del humor en su vida diaria, Edén Pastora es un hombre polifacético con una sola línea política, que ha mantenido a lo largo de su vida. Habla con un lenguaje sencillo, exacto y lleno de colorido. Su carrera política está Ilena de anécdotas. Algunas divertidas, otras un poco amargas. A continuación, algunas de sus cálidas descripciones de la política internacional y vivencias personales.

Fidel Castro y Nicaragua

"Lo que ocurrió con Fidel es muy sencillo, algo así como cuando un hombre se ofrece a ayudarte a reconstruir tu casa, pero después se queda viviendo en ella... Se aprecia la ayuda, pero cuando ese hombre empieza a dar órdenes y hacerle el amor a tu mujer, ha llegado el momento de pedirle que se marche de tu casa".

La CIA y los "Contras"

"Su ayuda ha sido como la del tío aquel que decide ayudarte para el casorio. Te da el dinero, pero te quiere imponer la novia que resulta siendo fea, perversa, vieja y puta...¡Qué barbaridad!"

La Dirección y Nicaragua

"La revolución sandinista... Éramos la quinceañera de ojos azules que todo el mundo quería violar. El chiste era no dejarse violar y sacarle utilidad a esos quince años y esos ojos azules. Ahí está la habilidad política. Pero cuando ya te decides porque te viole un hombre de 30 años, ya te hiciste papilla... ¡Te arruinaste! Ya la niña de quince se terminó. Nadie la pretende, nadie la ayuda, ¡se jodió la niña!"

La Dirección y los soviéticos

"Gráficamente hablando, les dieron las nalgas a los soviéticos".

La coexistencia pacífica entre

los Estados Unidos y la Unión Soviética

"Los Estados Unidos y la Unión Soviética se entienden muy bien, y se reparten el mundo, y hablan de sus bombas de neutrones, y de sus bombas atómicas, y unos y otros van a Europa Occidental, y los dos tienen un teléfono rojo, una línea roja, y se saludan todos los días: "¿Cómo amanecieron?", y "¿Cómo va el catarro?" Y se cuentan los chistes de moda... ¿Por qué vamos nosotros a pelear con uno de ellos, ¡si ellos se llevan tan bien y se reparten el mundo! ¿Verdad que es estúpido tomar partido en esta guerra Este-Oeste entre dos titanes?... ¿Para qué? Para que uno de ellos me ponga un pie encima por idiota y salga yo destripado... y ellos mientras tanto entendiéndose bien?"

Su diferencia con Tomás Borge

y los miembros de la Dirección

"La diferencia es abismal. Yo hablo como nicaragüense, ellos hablan como cubanos. Yo pienso como sandinista, ellos piensan como estalinistas, Ellos siguen a Lenin y Stalin, yo sigo a Sandino".

Edén Pastora y el marxismo

"¿Cómo me voy a poner a estudiar 'El Capital' de Marx, si a un economista, un licenciado, todo un doctor en economía, le cuesta trabajo entenderlo, y voy yo de 'fachento' con el bachillerato y con dos o tres años de medicina a querer desmenuzar 'El Capital'?"

La Dirección Nacional y el marxismo

"Terminan dándose 'caché', diciendo que son comunistas, 'sobacosabio' porque tienen de andar con el libro debajo del sobaco un mes, dos... Pero de estudiarlo, desmenuzarlo, analizarlo, de ser marxista, muy difícil. Es que de cualquier pelele que lee el abecedario decimos que es marxista leninista..."

El establecimiento norteamericano

"En los Estados Unidos no hay líderes, sino intereses. También hay grandes círculos de poder. Tenemos el presidente y su círculo, el Congreso y su círculo, la prensa y su círculo, la CIA y su círculo, el Departamento de Estado, el de los Kissinger-Rockefeller, el de los Kennedy. Y nunca se unen por ideales sino por intereses".

Los líderes norteamericanos

"Los Estados Unidos son un imperio en decadencia porque sus líderes luchan por defender sus posiciones, no por razones ideológicas. Cada grupo busca a alguien que lo represente y bien escogen a un actor o a un granjero o a alguien que tenga una buena sonrisa, que proyecte una buena imagen y cuya esposa tenga un físico aceptable. En cambio, en la Unión Soviética son veteranos en el poder, que conocen la política por muchos años y que cuando llegan al Politburó se las saben todas..."

El poder de corrupción del dinero

"Los sandinistas... equivocados en sus ideas, pero tienen mística... Yo no sé entonces cómo a Washington se le puede ocurrir señalar a dedo a los líderes que han de dirigir un pueblo... Eso ha pasado con la guerra en Centroamérica. Organizas un grupo de guerrilleros que luchan por una causa en la que creen, que tienen militancia, disciplina, que conocen la guerra... Y viene la CIA y te los compra. ¡Eso echa a perder la lucha!"

La falta de dirigentes en la lucha

"¿Qué pasó con Valdivia? Que cuando vio el fracaso de la revolución decide salir conmigo a luchar por devolver la revolución a sus cauces. Pero cuando ve que tenemos que empezar con 'Juachan' y con 'Comanche' me dice: 'No jodas, Edén. ¿Con esta mierda vamos a liberar a Nicaragua? Con esto no llegamos ni a la frontera.

LOS LIDERES NICARAGÜENSES

Tomás Borge (Líder sandinista)

"Tomás es un 'hijueputa', un criminal, todo lo malo que puede ser... Pero es consecuente con su línea política: 15 años, 20, 30... Consecuente con su manera de pensar: vertical, nadie lo mueve".

Sergio Ramírez (Dirigente sandinista)

"Sabe vivir... Después de hacerle poemas y elegías a Somoza, hizo la transición hacia la Dirección Nacional..."

Los Nueve de la Dirección Nacional

"Son unos jóvenes inexpertos que nunca han trabajado, nunca se han ganado un bocado con el sudor de su frente. Un hombre que nunca se ha ganado un bocado trabajando, no puede ser un hombre que esté preparado para ser gobernante de un pueblo".

Alfonso Robelo (Uno de los más destacados líderes antisandinistas)

"¿Qué línea tiene Robelo? Ha sido del somocismo, del Frente, del MDN, de ARDE, de la UNO. Fue sandinista, ahora es antisandinista; fue revolucionario, ahora es antirrevolucionario. Fue empresa privada, y cuando está en el Frente les dice a los empresarios: 'Prepárense que los vamos a partir'".

Adolfo Calero Portocarrero

(exdirigente de oposición al gobierno de Managua)

"Un buen administrador que nunca supo lo que era luchar por crear una empresa privada..."

Arturo Cruz (exdirigente de UNO, movimiento de oposición)

"Conoce mejor las calles de Washington que las de Managua..."

7

LIBERTAD DE PRENSA EN NICARAGUA:

SERGIO RAMIREZ MERCADO
VS. PEDRO JOAQUIN CHAMORRO

"Estamos peor que en el gobierno de Somoza",

Pedro Joaquín Chamorro.

"En Nicaragua sí hay libertad de prensa",

Sergio Ramírez.

Año y medio después de la caída del dictador Anastasio Somoza, la libertad de prensa en Nicaragua empezó a ser tema de estudio y discusión en el extranjero. Durante la dictadura de Somoza estuvo tan restringida que le costó la vida a Pedro Joaquín Chamorro, director del diario "La Prensa", el de mayor circulación en el país. La revolución tuvo como precio el asesinato del periodista nicaragüense, y ahora, su hijo, Pedro Joaquín Chamorro Barrios, asegura que la censura que existe actualmente en Nicaragua es peor que la que impuso el régimen somocista. Lo mismo opina su madre, Violeta Barrios de Chamorro, quien ha sufrido incontables vejámenes por parte de las directivas sandinistas.

A su vez, el gobierno sandinista asegura que en Nicaragua sí existe libertad de expresión. Y que si todas las noticias de los periódicos, la radio y la televisión deben someterse previamente a la diaria censura de la Dirección de Medios, esta disposición que restringe la publicación de noticias que no favorezcan al gobierno obedece a la necesidad que tiene la revolución de defenderse de la agresión extranjera.

Para conocer la verdadera situación de la libertad de prensa en Nicaragua1 nada mejor que el testimonio de las partes involucradas en la discusión. Frente a frente, Sergio Ramírez Mercado, vicepresidente de Nicaragua -quien en aquel entonces era uno de los nueve miembros de la Dirección- y Pedro Joaquín Chamorro, director del diario "La Prensa", quien actualmente ha encontrado asilo político en Costa Rica y ejerce la dirección de la Unión Nacional de Oposición, UNO. Respectivamente, en Santo Domingo y Managua, los dos líderes nicaragüenses respondieron a fines de 1982 algunos interrogantes que existían sobre la libertad de prensa en Nicaragua y acerca de los que ya no hay duda. Vale la pena anotar que ambos desconocían que se les harían, por separado, las mismas preguntas, a pesar de que algunas de las que se le formularon a Ramírez Mercado -en colaboración con algunos periodistas dominicanos-, tuvieron algunas respuestas que fueron comentadas por los cables internacionales de noticias.

BP - Desde la época de Somoza la prensa nicaragüense se viene quejando de la falta de libertad. Antes de la revolución sandinista había en Managua 39 emisoras de radio, de las cuales actualmente han sido nacionalizadas 37. Las dos restantes, "Radio Mundial" y "Radio Católica", tienen sus noticieros censurados. Había tres periódicos. Hoy,

uno es oficial, el otro es gobiernista y, el tercero, "La Prensa", de la familia Chamorro, está censurado. La pregunta es: ¿Habrá algún día libertad de prensa en Nicaragua?

SERGIO RAMIREZ- "Para empezar, yo le puedo decir que no solamente aspiramos a tener algún día libertad de prensa en Nicaragua, sino que nosotros consideramos que tenemos libertad de prensa. La libertad de prensa hay que verla desde distintos ángulos. Anteriormente los dos canales de televisión eran de la familia Somoza: uno directamente de Somoza Debayle y el otro de sus primos. De manera que los dos canales fueron tomados por la revolución. Es decir, no ha habido un proceso de tomar la televisión en el país. Además, no es correcta la información de que solamente haya dos emisoras de radio independientes en Nicaragua, ni que sean 37. Tenemos 60 emisoras de radio en el país, porque también hay que contar las departamentales, que son muchas, y un 65 por ciento de esas emisoras son de carácter privado".

"Yo creo que éstas cosas es mejor ir a verlas en Nicaragua y comprobar directamente lo que ocurre allá. Porque muchas veces se van formando clichés a través de ciertas informaciones. Se dice que en Nicaragua sólo hay dos emisoras de radio libres, que la televisión ha sido intervenida, y ésas son frases hechas que solamente pueden rebatirse comprobando la realidad porque a lo mejor usted no me va a creer lo que yo le estoy diciendo. Por eso le digo que es conveniente ver los hechos como son".

"Ahora, claro, en Nicaragua hay censura de prensa en estos momentos. Pero no es porque nosotros tengamos vocación totalitaria, sino porque el país está bajo agresión y Nicaragua está en guerra. Hemos perdido hombres en combates con bandas revolucionarias, que ahora son verdaderas unidades contrarrevolucionarias de 100 y 120 hombres equipados con los armamentos más modernos que usted se pueda imaginar. Desde fusiles automáticos y lanzacohetes que solo posee el gobierno norteamericano".

"Estamos enfrentados a una situación de guerra, de manera que hay censura previa de las noticias que tienen que ver con la seguridad nacional. Desde que triunfó la revolución, las personas que manejan el poder en Washington están armando al ejército de Honduras y a las bandas contrarrevolucionarias, y eso tiene que ver con la libertad de prensa".

"Me pregunta si alguna vez vamos a levantar la censura previa sobre la prensa y a normalizar la situación de los noticieros de radio. Claro que sí. Cuando los Estados Unidos nos dejen de agredir, cuando no haya bandas contrarrevolucionarias en la frontera hondureña, entonces nosotros vamos a retornar a la situación que usted señala".

PEDRO JOAQUIN CHAMORRO- "Nosotros desafortunadamente, no hemos obtenido la libertad de prensa por la cual luchamos a través de muchos años durante la dictadura somocista. Después del triunfo de la revolución se han promulgado una serie de leyes de prensa sumamente restrictivas. Yo me atrevería a decir que no existe paralelo con las que existían durante la dictadura somocista. Esas leyes han llevado al cierre definitivo de varios radioperiódicos. "La Prensa", el periódico que yo dirijo, fue clausurado temporalmente en cinco ocasiones en el curso de cinco meses, y las leyes le dan a la Dirección de Medios la autoridad para cerrar definitivamente cualquier medio de comunicación que a su juicio viole esas leyes, que son muy ambiguas y sin derecho a apelación cuando, por una orden escrita que emana de la Dirección de Medios, lo cierra el Frente.

"Los dos canales de televisión están siendo utilizados como medio de propaganda partidista. Antes, Manuel Espinosa y otros miembros del actual gobierno, podían trabajar en la televisión a pesar de no ser somocistas. En cuanto a la radio, son muchas las estaciones que han sido clausuradas, y solamente quedan siete emisoras independientes, pero a las que no se les permite transmitir noticias".

"A raíz del Estado de Emergencia que fue decretado el 15 de marzo de este año, todos los programas de noticias fueron eliminados y en su lugar se estableció lo que llamaron "Cadena de la Voz de la Defensa de la Patria", que se transmitía tres o cuatro veces al día junto con otras dos cadenas que ya existían bajo el nombre de 'Puño en Alto', creadas para la campaña de alfabetización, pero que con el argumento de la defensa de la patria se dedicaban a la política. Recientemente ellos mismos se cansaron de tanta politiquería, decidieron aceptar una liberalización de los medios de comunicación eliminando esa cadena y permitiendo la transmisión de algunos radioperiódicos de tendencia marcadamente oficialista".

"La única emisora que tiene potencia para cubrir el territorio nacional es Radio Corporación, que no tiene autorización para transmitir noticieros, Radio Amor y Radio 'Mi Preferida', que pertenecían al empresario radial Manuel Girón, fueron clausuradas. Estas dos emisoras también habían sido cerradas al final de la dictadura somocista, y su equipo destruido".

"Ahora los periódicos son tres: Barricada, órgano oficial del gobierno sandinista; El Nuevo Diario, que teóricamente representa la opinión del Frente Sandinista; y, por último, La Prensa, único periódico independiente, pero que está sometido a una censura tan estricta que es tal vez la más fuerte que hemos tenido en toda la historia, incluyendo la dictadura somocista.

"La censura se aplica hasta a las noticias que tienen que ver con el consumidor. Por ejemplo, una vez los búlgaros exportaron hacia Nicaragua unas latas de conservas, y muchas de ellas llegaron con la fecha de vencimiento muy cercana a la de su desembarco en Nicaragua. Estaban descompuestas. La censura no solamente decidió eliminar la noticia de que estaban pasadas las latas de conservas, sino que también prohibió publicar la información de que habían tenido que retirarías de los mostradores. Es decir, censuran noticias que se publican en cualquier país del mundo, que no tienen que ver nada con la seguridad del estado, y que más bien son un servicio al público para que las gentes no se vayan a envenenar".

"La censura tiene que ver hasta con los avisos clasificados. De la censura no se escapa nada. Ellos revisan línea por línea, y lo que llaman el 'proceso de revisión de textos' es muy retardado y meticuloso, demorando los horarios del periódico y su distribución. Después viene la 'Resolución', que es una orden escrita de los cambios que hay que hacer en el periódico".

"Estos cambios pueden ser simplemente cambiar un titular, o una lista enorme que puede empezar diciendo: 'En el párrafo número 15, suprimir desde tal palabra hasta tal otra. Párrafo 16, suprimir tal parte. Párrafo 17, eliminarlo completamente.' Otras veces puede ser cambiar la palabra antisandinista por contrarrevolucionario. Lo mismo sucede con los cables internacionales que llegan con noticias sobre Edén Pastora, Alfonso Robelo u otros nicaragüenses en el exilio".

"La única defensa que tenemos es sacar todo el artículo, para no hacer los cambios que ellos quieren obligarnos a efectuar. Esta censura es un departamento del Ministerio del Interior, y Nelba Cecilia Landón, que es la Directora de Medios de Comunicación, tiene el poder de censurar todo cuanto ella, o las personas que trabajan a su cargo, consideren peligroso para la seguridad del estado. Como por ejemplo, la noticia de las conservas. Vale la pena decir que quien ejerce la censura, jamás fue periodista".

- **Ese argumento de la agresión, lo esgrimen países totalitarios de izquierda y derecha para coartar la libertad de prensa... Por otro lado, esta libertad sigue siendo importante, especialmente en casos de corrupción o desmanes entre los miembros de la Dirección Nacional. Tenga en cuenta que si Cristo tuvo doce apóstoles y uno le salió corrupto, esto también puede suceder entre quienes integran la Junta de Gobierno...**

SERGIO RAMIREZ- "Bueno, los tres que pudieron haber sido corruptos están fuera, porque nosotros tenemos nueve en lugar de doce. Mire, yo le quiero decir con toda franqueza que a mí me es difícil... Yo estoy entrenado para responder a periodistas, pero responder preguntas políticas es más difícil. Entonces, por eso mi respuesta revela esa dificultad de responder a una serie de criterios políticos suyos, no a preguntas periodísticas. En Nicaragua no hay ningún peligro de totalitarismo mientras el pueblo respalde el ejercicio del poder que nosotros hacemos".

"No se olvide de una cosa muy importante Nicaragua no es un país que esté haciendo su revolución en un vacío histórico, ni en una isla. Estamos haciendo una revolución confrontada con el gobierno de los Estados Unidos, con una administración que se niega a aceptar que un pueblo chiquito y pobre pueda hacer una revolución. Si nosotros tuviéramos la oportunidad dentro de un clima de paz, de reconstruir el país, de crear riqueza, de no tener que hacer gastos militares para defendernos todos los días, los resultados serían distintos. Pero en estos momentos Nicaragua es un país en guerra, y los países en guerra están sometidos a condiciones completamente distintas"

PEDRO JOAQUIN CHAMORRO- "Yo le respondo esa pregunta si me la hace en otra forma. Si su pregunta es que si se justifica el estado de censura que yo le he descrito frente a los riesgos de una agresión externa, yo le diría que no, porque la mayor parte de las cosas que son censuradas no tienen que ver con ninguna agresión o con una desestabilización del gobierno. Se censuran cosas que no tienen nada que ver con la política, como la carta del Papa a los obispos de Nicaragua. Esta carta, cuya censura le otorgó trascendencia continental, no habría tenido el impacto que tuvo si no la hubiesen censurado.."

"En cuanto a la censura a los funcionarios del gobierno, una vez el Consejo de Estado censuró a Dora María Téllez porque dijo que en Nicaragua, en un futuro, habría pluralismo pero no dentro de la izquierda y la derecha, sino únicamente dentro de la izquierda. Como ellos tampoco aceptan el pluralismo dentro de la izquierda, la censuraron. De ahí que si se censuran ellos mismos, a nosotros no nos extraña que a veces lleguen a censurar el 30 o el 40 por ciento de las noticias de La Prensa. Algunas veces han censurado hasta el 80 por ciento, y hemos tenido que trabajar el equivalente para hacer casi dos periódicos".

BP- **¿Es cierto que la censura no permite que algunos nombres se mencionen en Nicaragua? Por ejemplo, ¿está prohibido nombrar a Edén pastora, el Comandante Cero, el héroe de la revolución nicaragüense que está en el exilio?**

SERGIO RAMIREZ- "La Junta no ha prohibido mencionar el nombre de Edén Pastora. Lo que pasó fue que los periodistas que están afiliados a la Unión de Periodistas de Nicaragua, UPN, decidieron por cuenta propia en las informaciones, en lugar de poner Edén Pastora, poner "el traidor". Esa es una decisión voluntaria de los periodistas Nosotros no hemos hecho ninguna prohibición. ¡Ni se menciona a Edén Pastora en los periódicos de Nicaragua!

"Yo dije en España que Edén Pastora no era un contrarrevolucionario por formación, sino que era un hombre víctima de sus debilidades y ausencias ideológicas. Y sigo sosteniendo eso. Pastora se distinguió por ser un hombre valiente, arrojado, pero nada más. Porque su formación política fue muy débil, y su manera de ver la revolución también fue sumamente débil. Por eso es que ahora está donde está, y el despeñadero ideológico en que ha caido no deja de se lastimoso".

PEDRO JOAQUIN CHAMORRO- "Sí. Está prohibido mencionar el nombre de Edén Pastora. En un discurso el Comandante Borge lo llamó 'el traidor'. Y después, cuando se celebró el aniversario de la Toma del Palacio por los sandinistas, cualquier mención a Pastora, la suprimieron del periódico, lo cual yo considero que es la tergiversación histórica más grande que puede existir en estos momentos en Nicaragua.

"No se puede hablar de la Toma del Palacio sin mencionar a Pastora y, les guste o no les guste, él estaba ahí y él llevó a cabo la operación, y el Comandante Cero fue el héroe del Palacio. Ahora puede ser que tengan diferencias con Pastora, y muy bien pueden decirle lo que quieran, pero que Pastora hizo la historia del Palacio, ¡la hizo! Sin embargo, ahora la Junta hizo otra historia de la Toma del Palacio, en la que no aparece Edén Pastora por ninguna parte..."

"Por ejemplo, la palabra 'Cero' también está prohibida en la prensa nicaragüense, porque siempre se supone que nosotros queremos hacer comparaciones subliminales con la palabra 'Cero'. Cuando la guerra de las Malvinas estaba en su apogeo y ya se veía venir el desembarco inglés, nosotros pusimos un titular que decía: 'En Malvinas llegó la hora cero Ese titular periodístico fue censurado en la misma forma que cuando publicamos otro titular: 'Llegó la hora cero en Beirut'".

"Nosotros no tenemos que probar que hay libertad de prensa, porque ellos prueban lo contrario todos los días. Por ejemplo, cuando a Nicaragua llegó el cable de lo que le dijo a usted Sergio Ramírez en la Republica Dominicana, asegurando que había libertad de prensa en Nicaragua, también lo censuraron. No se censuró la parte en la que Ramírez afirmaba que había libertad de prensa en Nicaragua. Pero donde decía: 'Censura no es totalitarismo' eso lo censuraron con una resolución en la que ordenaban que 'Donde está 'Dice Ramírez que la censura no es totalitaria', eliminar esa parte'".

"Es decir, que a los altos dirigentes del gobierno, también los censuran. De la censura de prensa en Nicaragua ¡no se escapa nadie!, y mientras exista esa censura como la que le he descrito, no existirá libertad de prensa en Nicaragua".

Este artículo fue publicado en inglés en la revista
Caribbean Review. Dic. 1983

La situación de la prensa en Nicaragua no ha cambiado. Un reporte de la Sociedad Interamericana de Prensa (SIP) indica que del 1 de marzo al 15 de julio del 2020 se registraron 351 agresiones a periodistas y medios de prensa. Las estadísticas indican que los ataques e intimidación contra la prensa en Nicaragua continúan, igual que la represión contra el pueblo, que se hizo evidente durante las protestas del 2018 y 2019.

HUGO SPADAFORA

Cuando el fusil tembló frente a la pluma

Un cadáver decapitado que apareció en El Robelito, Costa Rica, a pocos metros de la frontera con Panamá, el 14 de septiembre de 1985, marca el comienzo de los disturbios que actualmente estrmece al pais centroamericano, paralelamente con la censura a los medios de comunicación impuesta por el llamado Hombre Fuerte de Panamá, general Manuel Antonio Noriega. La reciente denuncia de quien antes fuera su compañero de armas y segundo al mando, coronel Roberto Díaz Herrera, ex Jefe del Estado Mayor de las Fuerzas de Defensa, alegando que el autor del crimen fue Noriega, no ha sorprendido a nadie.

¿Quién era ese hombre que apareció asesinado en oscuras circunstandafcias y por qué fue torturado brutalmente y finalmente decapitado? Tal vez la respuesta está en la misma vida de Hugo Spadafora, de 44 años de edad al morir, líder politico y médico panameño de origen italiano que cambió el bisturí por las armas y la pluma para ceñirse a lo que literalmente él mismo consideraba la esencia de su misma existencia: un combatiente de la libertad.

La democracia y los derechos de los pueblos tenían un significado tan importante para Spadafora, que por alcanzarla parecía no darle importancia al color político de sus aliados. Peleó en tres etapas de su vida en trincheras diferentes. La primera vez se unió a los cubanos castristas que, aliados con los nacionalistas africanos, luchaban por derrocar el dominio de Portugal sobre Guinea. Más tarde se vincula al ejército sandinista, luchando contra la dictadura somocista en Nicaragua. Por último, regresa a Nicaragua como combatiente, unido a las fuerzas de Edén Pastora, para luchar contra lo que el panameño califica como "la dictadura de los nueve". Algunos meses antes de su muerte se habia separado de ls filas del héroe de la revolución sandinista para formar su propio grupo al lado de los indígenas Misquitos.

Graduado en medicina en 1964 en la universidad de Bolonia, Italia, Spadafora renuncia en 1978 a su posición de Viceministro de Salud de Panamá para organizar la Brigada Internacionalista Victoriano Lorenzo, con el apoyo de Omar Torrijos. Es así como empieza su lucha armada contra Somoza.

Ocho días después del triunfo de la revolución regresa a Panamá, pero en 1982 vuelve a la clandestinidad de las montañas, primero bajo el mando de Edén Pastora y, al final, dentro de su propio grupo guerrillero. Su última trinchera es el Atlántico, en Nicaragua, al lado del líder indígena Brooklyn Rivera. En las noches, a la luz de una vela, escribe artículos para la prensa costarricense y panameña, en los que acusa a Noriega de corrupción administrativa, tráfico de drogas y contrabando de armas. Alto, de una extraordinaria apariencia física, pelo rubio cenizo y ojos claros, educado en una universidad en Italia, y médico de profesión, Spadafora era un lider carismático cuyo valor en el campo de batalla era legendario, avanzando siempre de primero con la ametralladora bajo el brazo. Sin embargo, sus escritos fueron los que lo condujeron a la muerte. Paradójicamente, el líder panameño jamás había disparado un arma en su tierra natal.

Dos días antes de su muerte le entrega al periódico La NacIón de Costa Rica su último artículo y el más incisivo de su trayectoria periodística. En él compara al general Manuel Antonio Noriega con Maquiavelo. La respuesta es la aparición de su cadáver decapitado bajo el puente de El Robelito. Después se supo que al cruzar en un bus de Costa Rica a Panamá, habia sido aprehendido por agentes de la inteligencia panameña G-2, en Bugaba, Panamá, apenas a 35 millas de dónde se descubre su cuerpo en Costa Rica.

Spadafora, que en vida no tuvo demasiada influencia política en su país, empieza a tenerla con su muerte, que ocasiona la destitución del presidente de Panamá, Nicolás Ardito Barletta, cuando se disponía a hacer investigar el crimen político. Para sucederlo al mando es designado Eric Arturo Delvalle, quien después de mucho esperar, por fin pidió al procurador general Carlos Augusto Villalaz que investigara las acusaciones contra Noriega.

A su vez, la familia Spadafora fue hostigada repetidamente para que cediera en su propósito de aclarar la muerte del médico guerrillero. Los métodos variaban, desde la utilización de recursos sicológiicos, como dejar ratones decapitados frente a su vivienda, hasta voces que se mezclaban amenazadoras en las conversaciones telefónicas.

Antes de morir Spadafora me hizo una denuncia a la que no le di la importancia que merecia. Me dijo que el lider panameño Manuel Antonio Noriega le había puesto precio a su cabeza con una jugosa recompensa. También me reveló que una tarde, de regreso de sus actividades guerrilleras en el monte, visitó a Edén Pastora. "Le pregunté dónde estaban Guachán y Carlos Coronel. Me respondió que habían ido a bajar armas que llegaban en un avión proveniente de Panamá. "Insistí en ir y cuando llegué ya estaba oscuro. Me encontré que estaban bajando armas y subiendo droga. Me indigné y les dije: '¿Cómo vamos a mezclar esta misión revolucionaria tan idealista y tan limpia con algo tan sucio como es la droga?' No me prestaron atención, así que se lo revelé días después a unos periodistas norteamericanos".

En mayo de 1985, cuatro meses antes de su muerte, Hugo Spadafora me concedió en San José, Costa Rica, la siguiente entrevista que encierra la esencia de sus ideas políticas:

BEATRIZ PARGA – **Usted se define como un internacionalista, pero niega que sea comunista. ¿Cuál es la diferencia entre el internacionalismo que usted defiende y el que proclama el Partido Comunista?**

HUGO SPADAFORA – En que el internacionalismo latinoamericano, como su nombre lo indica, tiene sus raíces en las ideas de nuestro continente, en nuestro continente, en nuestros principios bolivarianos. El verdadero internacionalista debe tener una formación política porque si no se vuelve un mercenario. Yo me considero un verdadero internacionalista de los problemas de cada país. Además, soy un bolivariano. Mi acción parte de una formación coherente con la raíz histórica latinoamericana. Si no tuviera esa formación de base en la acción sería un aventurero. En cambio, el internacionalismo pregonado por el comunismo internacional es un internacionalismo hegemónico imperialista, que no se diferencia sustancialmente de cualquier otra doctrina imperialista que hemos conocido en el pasado o en el presente. La palabra "hegemónica" lo dice porque concibe el imperialismo como un movimiento a nivel mundial que hace girar a los paises del mundo alrededor de un polo de mando imperialista que se llama comunistmo.

BP – **Si estaba en contra del internacionalismo comunista, ¿qué lo llevó a luchar al lado de Cuba en el ejército rebelde de Guinea?**

HS – La ideología socialista democrática fue la que me llevó en 1966 y 1967 a la entonces Guinea portuguesa para sumarme a los patriotas negros africanos que estaban luchando contra el imperialismo portugués. Esa misma ideología fue la que me hizo luchar contra el golpe militar encabezado por Torrijos inicialmente, y después me hizo tomar la decisión de sumarme a ese régimen cuando cambió su rumbo. Y esa ideología fue también la que me llevó a Nicaragua en el 78 y 79, y es la misma que me llevó en el 82 a empezar mi lucha contra los nueve totalitarios que traicionaron en forma flagrante la revolución nicaragüense.

 - **¿Al lado de quién?**

HS – En sus comienzos al lado del líder natural de esa revolución, como bien lo he dicho en mis escritos, que es el líder democrático Edén Pastora... Yo no estoy de acuerdo con la forma en que Edén funciona, con su estrategia militar. Sin embargo, personalmente aplaudo los esfuerzos democráticos de Edén Pastora porque creo en su vocación democrática, pero no en la de los nueve totalitarios que viven en contradicción con lo que pregonan.

 - **¿Cómo ve la situación política de Nicaragua?**

HS – Internamente como una política represiva desde el punto de vista totalitario, impuesta por los nueve, y que alinea y se pone en contra de una masa de la población. Ese es un proceso que se ve muy claramente en el caso de Polonia, al cual no es ajeno ningún país comunista, mucho menos ahora en Nicaragua. Es así como esta represión totalitaria golpea sin miramientos a la Iglesia, a la economía, a la iniciativa privada, a la institución familiar a través del espionaje por manzanas con los famosos comités de barrios. Es un proceso que cada vez alinea más a la población favorecido por un fondo sicológico; nuestros pueblos son caudillistas por razones históricas. En el caso de Cuba, el comunismo se ha montado en el caballo del caudillismo representado por Fidel. En el caso de Nicaragua, el caudilla que dio la lucha contra Somoza es Edén Pastora y el héroe de la guerra lo encarna Edén Pastora quiera o no lo quiera quien sea. Es entonces que el caudillismo pasa a trabajar en contra de los nueve. Para el pueblo nicaragüense Edén Pastora es el militar de más relieve; fue un comandante con mayúscula y por eso a pesar de las envidias y los celos, de los temores y todas esas mezquindades se vieron obligados a designarlo para que encabezara el desfile del triunfo y a escogerlo como jefe de la Milicia Popular, porque como su nombre lo indica, Edén encarna las dos cosas: la parte militar y la imagen popular. Y regresando a la política de los nueve, nos encontramos frente a una economía cada vez más desastrosa por la misma formación ideológica de los nueve que hace que vean a la empresa privada como un mal, un morro que hay que eliminar a su debido tiempo.

BP - ¿Se detendrá el proceso actual en Nicaragua o seguirá avanzando por Centroamérica?

HS – Históricamente Centroamérica ha sido una unidad, como bien lo reconoció el mismo William Walker, el filibustero aquel que se convirtió en presidente de Nicaragua y puso su escudo de batalla, en su bandera, el lema "Five or None" (o las cinco o ninguna) porque él estaba claro en que o dominaba a Centroamérica o iba a caer… No podía ser que Nicaragua fuera un cuerpo extraño en medio de la región y, efectivamente, [Walker] fue derrotado por Centroamérica. Actualmente, históricamente hablando, Nicaragua es un cuerpo extraño en Centroamérica. Por eso los nueve tienen el peso de la historia en contra de ellos. Por eso es más fácil luchar contra ellos de lo que fue hacerlo contra Somoza.

BP - ¿A pesar de los tanques soviéticos?

HS – A pesar de todo. Porque el ejército del Frente Sandinista no es actualmente ninguna garantía para los nueve. Al contrario, el Frente Sandinista es la clave en el triunfo de Edén Pastora, por lo que él representa. Además, el Frente Sandinista es fiel al sandinismo auténtico y no al deformado que han impuesto los nueve.

BP - **¿Cómo considera el papel histórico de Cuba en Nicaragua? Recuerde que primero ayudaron a la derrota de Somoza, con armas y entrenamiento militar, y ahora con el envío de asesores militares...**

HS – Bueno, Cuba es coherente con su politica comunista, pero incoherente con las ideas bolivarianas de solidad latinoamericana independiente de las potencias. Yo creo que los hechos nos darán la razón a quienes vemos en la situación de Cuba un error histórico y un error político.

BP - **¿A qué atibuye que mientras la opinión pública mundial considera que en Nicaragua existió una dictadura, que en Chile existe una dictadura, que en Haití continúa una dictadura, después de 25 años de estar Fidel Castro en el poder, nadie habla de una dictadura en Cuba?**

HS – No es así. Ya cada vez más se asienta una opinión en el sentido de que en Cuba si hay una dictadura, dura, represiva. Lo que pasa es que nadie olvida que el comunismo, y más concretamente Fidel, llega al poder sobre una ola de nacionalismo, de antiimperialismo norteamericano y de antitiranía batistiana. Es un hecho histórico que no se puede pasar por alto ligeramente. La diferencia con todos los dictadores que has mencionado es que han sido los clásicos dictadores criollos que han llegado al poder identificándose con las fuerzas más reaccionarias de sus respectivos países. Fidel Castro no. El llegó al poder aliado con las mejores fuerzas históricas y políticas de la sociedad cubana y continental. Por eso no podemos esperar que de la noche a la mañana todo el mundo diga 'Ah, no, Fidel es un dictador'. Y es por eso que vemos a Felipe González, Mitterrand y otros políticos de calibre mundial que son críticos del comunismo en Polonia, pero en el caso de Cuba su crítica no tiene la misma incisividad. La razón es muy sencilla: en Polonia el comunismo llegó impuesto por los tanques soviéticos, pero en Cuba llegó aliado con fuerzas históricas, luchando contra una tiranía apoyada por uno de los dos imperialismos.

BP – **Usted dice que es social-demócrata, y al mismo tiempo ataca al comunismo. ¿Cómo explica que la social-democracia en América Latina sea casi siempre apoyada en el continente por los comunistas?**

HS – La social-democracia es apoyada por los comunistas por estrategia. Por conveniencia apoyan los planteamientos de la social-democracia, pero cuando los comunistas llegan al poder no son aliados de nadie. Eliminan las fuerzas que los ayudaron a subir. De hecho, Europa es pródiga en ese tipo de ejemplos; por todas partes hay social-demócratas ajarahoracados o fusilados. Los comunistas pueden trabajar, y de hecho lo están haciendo en algunos países como Panamá, con fuerzas en el poder, que tienen preponderancia en el poder, como las fuerzas social-demócratas, por ejemplo. Y yo sinceramente creo que al igual que los empresarios progresistas, los demócratas-cristianos y otras fuerzas, los comunistas también tienen derecho a participar en una sociedad pluralista democrática apuntando sus energías en un programa democráticamente establecido. Pero lo que si yo no creo es que los comunistas deban tomar el poder en ninguna revolución... Por lo menos, a partir de esta década el comunismo está en decadencia.

BP – **Pero en Cuba ya el comunismo se dio...**

HS – SI, pero en Cuba se dio el comunismo en el 59. Nicaragua se da en la década de los 70s. Pero en los 80s se va a demostrar en Nicaragua que el curso revolucionario auténtico de esa revolución no era el comunismo. Esa es la gran misión...

BP - **¿Por qué cree que Cuba siguió en su estructura revolucionaria al comunismo y no la reestructuración del país en una democracia?**

HS – Por la tradicional miopía de la clase dirigente política norteamericana. Miopía que está ejemplarizada en nuestro continente y que en el caso de Nicaragua está creando una segunda Bahía de Cochinos en la frontera entre Nicaragua y Honduras, ayudando en esa forma a los nueve comandantes totalitarios a despertar el sentimiento nacionalista de ese pueblo, ante una amenaza más o menos real desde el punto de vista propagandístico, y que surge encadenada por el somocismo, tan odiado por el pueblo de Nicaragua. Esa es la ayuda que desde el punto de vista político integral están recibiendo los nueve comandantes, En cuanto a Cuba, yo siempre he creído que Fidel fue forzado por las circunstancias que le impusieron. Yo recuerdo mucho una foto de Fidel con su hijo Fidelito vestido de Marine. No me olvido de que al ver esa foto dije: '¡Las cosas que hace Fidel por ganarse a los gringos!' Sin embargo, en los Estados Unidos, Fidel fue recibido como un paria. Era en ese momento el gran héroe latinoamericano, y no lo recibió el presidente Eisehower. Y creo que hasta Nixon no lo recibió, y si lo hizo fue en una forma muy despectiva. Lo trataron con desprecio y en ese entonces el comunismo tenía todavía una aureola de idealismo, de liberación. En ese entonces el comunismo llevaba una máscara que atraia mucho a las juventudes porque aún no se había visto la división chino-soviética, no se conocía mucho el fenómeno de la represión comunista. Entonces, Fidel se sintió atraído… Por un lado le dieron una patada los americanos y por el otro le abrieron los brazos los comunistas con toda su fraseología revolucionaria. Por eso yo digo que comprendo ese abrazo de Fidel con el comunismo, aunque de ninguna manera lo comparto. Hoy Fidel forma parte de una gran maquinaria burocrática comunista.

BP - **¿Cómo explica que Fidel Castro haya llegado al poder aparentemente luchando por unos ideales democráticos, luchando contra**

la dictadura de Batista, y que ahora, veinticinco años después encarne la misma dictadura contra la que lucho?

HS – Eso se explica por la ideología comunista. Llega el momento en el que ellos se convencen dogmáticamente de que están representando los intereses del pueblo, de la masa. Ellos mismos se engañan. Esa es otra forma de corrupción del poder. No es el caso de la corrupción gráfica de los contratos, del robo… El puede llegar a darse cuenta de que es un dictador, pero se imagina que es un dictador que representa los intereses de su pueblo… ¿Qué mayor corrupción puede haber que el engaño a sí mismo? Ésa es la peor forma de corrupción intelectual, y ésa es la que padece un dictador como Fidel.

BP - ¿Le parece que el comunismo en Cuba es un proceso irreversible?

HS – Así como te dije anteriormente que William Walker hablaba de "Five or None" en Centroamérica, porque históricamente está demostrado que es una unidad, en el caso de Cuba y Puerto Rico queda demostrado cómo pesa la geografía en la política, y que la política no es una ciencia exacta. Por ser dos islas, Puerto Rico y Cuba se constituyeron en dos grandes anomalías históricas en el siglo pasado. Veamos por qué América Latina prácticamente alcanza su independencia a partir de la batalla de Ayacucho; más tarde se libera Panamá y toda Centroamérica, sin un solo disparo, bajo el amparo del sentimiento de simpatía histórica que surge después de Ayacucho. Sin embargo, Cuba y Puerto Rico continúan siendo colonias españolas hasta comienzos del siglo XIX. Una anomalia histórica que se da únicamente por la circunstancia insular de las dos naciones. Cuba y Puerto Rico tienen más en común desde el punto de vista étnico y cultural que Costa Rica y Guatemala. Sin embargo, desde el momento en que las dos islas dejan de ser una anomalía histórica en el contexto del imperio español, se convierten en dos anomalías históricas divergentes. Cuba adopta desde principios del siglo el republicanismo americano y , sin embargo, Puerto Rico sigue ligado a los Estados Unidos. Medio siglo después, nuevvamente Cuba se convierte en otra anomalía histórica, completamente divergente de la de Puerto Rico. Actualmente las dos islas reprsentan los dos imperialismos del Caribe: Cuba el imperialismo soviético y Puerto Rico el imperialismo norteamericano. Pero tarde o temprano dejarán de ser anomalías que se explican por las cirunstancias del siglo pasado. Pero históricamente toda anomalía tiende a desaparecer. Todo es cuestión de tiempo.

BP – Ahora hablemos de Hugo Spadafora, de Panamá, ¿Usted siempre ha ido a luchar por su propia voluntad?

HS – Sé por qué lo dice… Antes, cuando Torrijos estaba en el poder, se creía que Torrijos me mandaba. Ahora que está muerto Torrijos y que critico a los militares en el poder, he demostrado con los hechos que a mí no me manda nadie, porque estoy sumándome a la lucha armada en Nicaragua sin que nadie me mande. Yo no me identifico con la política del actual comandante de la guardia de Panamá. Con Noriega en el poder y yo luchando en Nicaragua está claro que a mí no me apoya nadie, y sin embargo, yo sigo luchando por mis ideales democráticos, como en el principio.

BP - ¿Cuál es su línea política?

HS – La de la social-democracia, bajo los ideales bolivarianos, tercermundistas… Le voy a responder con una anécdota del pasado. En una ocasión en la que los agentes de seguridad del DENI, de Panamá, pensando tal vez que yo era comunista o tratando de hacerme caer, el inspector me preguntó qué línea seguía. Yo le respondí: 'La única línea que sigo es la de mi conciencia'.

BP – Si se da el triunfo en Nicaragua sobre los nueve, ¿después qué hará usted?

HS – Me voy para Panamá a aportar todas mis energías para dedicarme a la política panameña sin desligarme de la política internacionalista. Y para ser coherente con todo lo que te he dicho anteriormente, ser internacionalista no es ser guerrillero siempre. Yo no soy un aventurero guerrillero.

BP – Pero hasta ahora siempre ha sido un guerrillero, un internacionalista guerrillero.

HS – ¡Ah!, que la mayoría de los que no conocen mis ideas, mis pensamientos, lo vean así, es otra cosa. Pero no ha sido así.

BP – Después de haber estado siempre vinculado a la lucha armada fuera de Panamá, resulta difícil imaginarlo tranquilo en Panamá cuando se presenten problemas en otros lugares…

HS – Pues sí, lo creas o no, me quedaré en Panamá. Después de liberar a Nicaragua regresaré a Panamá. Panamá tiene problemas cada vez más apremiantes, y que van en aumento…

BP – ¿Alguna vez han atentado contra su vida?

HS – Si, he oido decir de aglunos planes que se han esbozado para hacerlo. Me han dicho que el general Noriega le ha puesto precio a mi cabeza…

BP - ¿Va acompañado de alguna escolta para protegerse?

HS – Hubo períodos en los que anduve con cuidado en Panamá, pero después he andado solo, como ahora.

BP - ¿No tiene miedo de que lo maten?

HS – Noooo. Yo voy a morir de viejo, sentado en una silla y rodeado de mis hijos y nietos. Yo sé que llegaré a viejo.

BP – ¿Por qué no está usted combatiendo en Panamá?

HS – Porque en la actualidad no se justifica la lucha armada en Panamá, y ojalá nunca la haya. Yo soy el primero en querer que nunca se presentase. Más aún, creo que en la actualidad no hay ningún partido serio que plantee la lucha armada, ni siquiera el partido más intransingente que es el Partido Comunista (PACO) de Panamá. Dicen muchos, y con mucha razón, que si no se maneja con mucho tacto,, se puede hacer explosiva y se puede producir la lucha armada. Yo espero que el buen sentido se imponga y que no haya necesidad de un derramamiento de sangre en Panamá. En el pasado yo fui el primero que propugné un acercamiento entre el gobierno torrijista y la oposición, a la que yo pertenecía... Pero el ideal es que no haya lucha armada, que no se le imponga a los pueblos ese precio tan alto... Yo espero que en el caso de Panamá las personalidades de algunos militares y civiles no dañen la democratización.

BP – Desde su visión internacionalista, ¿qué futuro le espera a la América Latina?

HS – Yo veo el futuro de América Latina bajo los principios bolivarianos. En Europa y otros países se está dando un movimiento poderoso contra la hegemonia de las dos superpotencias y creo que Nicaragua se derrotó una dictadura entreguista pronorteamericana en el año 79. Próximamente veremos la derrota de una dictadura entreguista prosoviética. Históricamente esta circunstancia ayudará a nuestro continente a encontrar nuestro camino, a decidir nuestro destino. Además, Cuba y Puerto Rico saldrán de la anomalía histórica en la que se encuentran y se unirán al bloque latinoamericano. Estoy seguro de que una vez nosotros, los revolucionarios latinoamericanos definamos la línea divisoria entre el socialismo democrático y el comunismo, lo que será reafirmado naturalmente en el caso de Nicaragua, entonces ningún país escapará. a la influencia de esos ideales.

BP – **Como político internacionalista, ¿prefiere la lucha
armada o la pluma?**

HS – Yo siempre he dicho que la acción y el pensamiento no pueden ir desligados. La acción sin pensamiento, es barbarismo; y el pensamiento sin acción es estatismo, pasividad pusilánime. Entonces no pueden desligar una cosa de la otra. Son dos caras de la misma moneda.

FIN

EL PERIODISTA Y SU MISIÓN

-Ser periodista es saber un poco de todo, mientras todos esperan que sepas mucho más.

 -Ser periodista es decir las cosas como son, y no como uno quisiera que fueran.

-Ser periodista es ser testigo de la historia y ofrecer ese testimonio con honestidad y veracidad.

-Ser periodista es poner el alma en tu profesión olvidando envidias y rencores.

-Ser periodista es saber que para una dictadura la libertad es una caricatura.

-Ser periodista es no manchar la pluma en el tintero de las pasiones y rencores personales.

-Ser periodista es asomarse a las cumbres y abismos del corazón humano.

-Ser periodista es no temer vientos ni huracanes cuando se cubre una noticia.

-Ser periodista es vivir cerca de todos y mas allá de todo.

-Ser periodista es saber que bajo el calor de las pasiones políticas se maltratan seres humanos sin remordimiento alguno.

-Ser periodista es entender que las cosas no son como parecen, el horizonte se ve plano, pero el mundo no lo es.

-Ser periodista es sopesar serenamente los pros y contras de una información.

-Ser periodista es saber que cuando los gobiernos deciden quienes son los periodistas con una tarjeta profesional, no son todos los que son, ni están todos los que son.

-Ser periodista es llegar a tal grado de imparcialidad que los de tus ideas políticas piensen que favoreces al contrario.

-Ser periodista es darse cuenta que por los pobres y desvalidos del mundo, es más lo que se promete que lo que se hace.

-Ser periodista es escribir cuando la ciudad duerme.

-Ser periodista es ser centinela de uno de los más sagrados derechos del hombre: el de la libertad de expresión.

Beatriz Parga

Periodista

Becaria de la Inter American Press Association y la John S. Knight Foundation (1978)

Este artículo fue premiado por la Fundación Givre. Argentina (1981)